Miguel Núñez ha demostrado ser [...]
apasionado, culturalmente sabio y [...]
conocerlo y trabajar con él. Oro pa[...]
a sus palabras y que Dios las use pa[...]
tar en América Latina.

John Piper, Autor
Canciller del Bethlehem College & Seminary
Fundador de Deseando a Dios

El título del libro *Enseñanzas que transformaron el mundo*, escrito por Miguel Núñez, puede sonar exagerado, pero no se trata de ninguna exageración o hipérbole. Las enseñanzas bíblicas, redescubiertas por los Reformadores, transformaron Europa, y siguen transformando a cada persona y cultura que las abrazan.

Gracias a su brevedad y su lectura amena, *Enseñanzas que transformaron el mundo* constituye una excelente exposición de Las Cinco Solas de la Reforma. Por lo tanto, con gusto lo recomiendo a la iglesia de habla hispana.

Paul David Washer, Director
Sociedad Misionera HeartCry

Enseñanzas que transformaron el mundo aborda, de manera sucinta y edificante, algunos de los temas teológicos más medulares surgidos de la Reforma. Hoy en día, estas temáticas son poco conocidas y, lo que es más triste aun, a menudo se desconoce o no se comprende su profundo arraigo bíblico.

Es mi deseo que este libro, surgido de la pluma influyente y perspicaz del Pastor Miguel Núñez, recorra un largo camino para acercar los tesoros de este patrimonio al mundo hispanohablante.

D. A. Carson, Co-fundador
Coalición por el evangelio (TGC)

Miguel Núñez es un fiel pastor y teólogo que ama la Palabra de Dios y su doctrina. El amor de Núñez por las grandes verdades de la Reforma resplandece en este libro. Una iglesia saludable debe ser una iglesia teológicamente informada, y *Enseñanzas que transformaron el mundo* servirá para que el cuerpo de Cristo alcance este importante objetivo.

Daniel L. Akin, Presidente
Southeastern Baptist Theological Seminary

Ninguna otra voz es más fuerte en el evangelio de América Latina que la de Miguel Núñez. Incluso aquellos que no estén de acuerdo con cada uno de los puntos que aborda este libro se pueden beneficiar de esta obra clara, pastoral y empapada de evangelio.

Russell Moore, Presidente
Ethics and Religious Liberty Commission of the SBC

El evangelio de Jesucristo es, en verdad, poderoso para cambiar el mundo de manera radical. Sin embargo, cada generación debe contender de nuevo por el evangelio y por la fe que fue entregada a los santos de una vez y para siempre. Este libro es un poderoso recordatorio de cuán extraordinarias son, en realidad, las buenas nuevas, en toda su gloria vivificadora.

Si usted anhela conocer más profundamente al Dios que se deleita en salvar a los pecadores, entonces *Enseñanzas que transformaron el mundo* es el libro que usted está necesitando.

Dr. Matthew J. Hall, Vice Presidente
The Southern Baptist Theological Seminary

ENSEÑANZAS

QUE TRANSFORMARON

EL MUNDO

Nota del editor

La portada de este libro presenta un amanecer sobre el continente americano. De manera metafórica, América Latina se encuentra aún en oscuridad, pero el sol se asoma para cambiar el panorama actual. En muchos sentidos, esto es representativo de nuestra realidad. América Latina continúa cubierta por la corrupción y el deterioro moral que la caracteriza, pero hay destellos de esperanza. Hay un remanente fiel a Dios y a Su Palabra.

A pesar de que las estadísticas señalan que el continente es cristiano, la iglesia no ha tenido un impacto correspondiente en su entorno. No se ve el efecto transformador de la sal y la luz. Por el contrario, vemos cómo, en ocasiones, la iglesia se adapta a su entorno en lugar de ser agente de transformación.

Sin embargo, Dios está obrando en estos últimos días. Hay un despertar a las doctrinas de la gracia y hambre por un conocimiento más profundo de Dios y Su revelación. Un pueblo, conocido por su pasión al adorar, está descubriendo la necesidad de conocer a Dios y Su Palabra, para poder amarlo con la mente y el entendimiento.

Olas de la reforma protestante están llegando a nuestro continente. Dios está levantando una generación de hombres y mujeres comprometidos con Su verdad y Su propósito. Este libro y su autor son parte de este mover de Dios; son olas de la reforma que hoy llegan a nuestras tierras. Confiamos en que sea uno de muchos más que Dios usará para inaugurar un nuevo amanecer.

MIGUEL NÚÑEZ

PRÓLOGO POR EL DR. R. ALBERT MOHLER

ENSEÑANZAS
QUE TRANSFORMARON
EL MUNDO

Colección
Integridad
&Sabiduría

B&H
ESPAÑOL

NASHVILLE, TENNESSEE

Enseñzas que transformaron el mundo:
Un llamado a despertar para la iglesia en Latinoamérica
© 2016 por Miguel Núñez
Todos los derechos reservados
Derechos internacionales registrados

B&H Publishing Group
Nashville, TN 37234

Las citas bíblicas se han tomado de la versión La Biblia de las Américas, © 1986, 1995, 1997 por The Lockman Foundation. Usadas con permiso.

ISBN: 978-1-4336-8837-9

Impreso en EE. UU.

3 4 5 6 7 8 9 * 22 21 20 19 18

Dedicatoria

Dedico este libro a cada pastor hispanoparlante que domingo tras domingo predica la Palabra de una manera fiel para la gloria de nuestro Dios. Es mi deseo ver una nueva Reforma, pero esta vez en nuestra región, que llame a la iglesia evangélica a volver a sus raíces y al arrepentimiento de doctrinas erróneas predicadas a lo largo de nuestras naciones que dieron lugar a prácticas pecaminosas.

Pido a Dios que derrame Su gracia sobre nosotros para encontrar en Él, perdón, fortaleza, denuedo y santidad al predicar y vivir Su Palabra.

Agradecimientos

Ningún libro sale a la luz sin el esfuerzo de personas que han trabajado detrás del autor. Y este no será la excepción.

Por tal motivo, aprovecho esta oportunidad para agradecer Cristopher Garrido, Director Editorial de B&H Español por el interés con que ha trabajado para la publicación de este libro y por el apoyo que brindó desde un primer momento. Sin su colaboración esta publicación no hubiese sido posible.

También agradezco a Andrés Contreras, mi asistente pastoral, por su ardua labor de transcribir mis lecciones y por su posterior colaboración en editar dichas transcripciones antes de que yo pudiera volver a revisar el material.

Agradezco al equipo de producción de nuestro ministerio Integridad y Sabiduría, encabezado por Juan Américo Carranza, por la difícil tarea de grabar en audio y video cada una de las lecciones dictadas, que luego fueron editadas y posteriormente transcritas para conformar el material de lectura de este libro.

Agradezco a Mateo McGhee, el nuevo director de Integridad y Sabiduría, por su constante estímulo para el desarrollo de este material como parte de nuestra campaña, Latinoamérica Despierta.

Contenido

Prólogo

En cada generación, a la iglesia se le ordena "contender ardientemente por la fe que de una vez para siempre fue entregada a los santos" (Jud. 1:3). Esta no es una tarea fácil, y se hace más complicada por los múltiples ataques a la verdad cristiana que marcan nuestra época contemporánea. Los atentados contra la fe cristiana ya no se dirigen solo a doctrinas aisladas. Toda la estructura de la verdad cristiana está siendo atacada por aquellos que buscan subvertir la integridad teológica del cristianismo.

El cristiano de hoy se enfrenta a la difícil tarea de formular estrategias para determinar a cuáles doctrinas cristianas y temas teológicos dar la mayor prioridad en términos de nuestro contexto contemporáneo. Esto se aplica tanto a la defensa pública del cristianismo frente al desafío secular como a la responsabilidad interna de tratar con los desacuerdos doctrinales.

En resumen, los desafíos que enfrenta la iglesia son *siempre* desafíos teológicos. Somos por naturaleza propia personas teológicas. Si la iglesia va a tener cualquier testimonio significativo en el mundo, debe recordar su rica herencia teológica enraizada en las Escrituras que nos ha sido transmitida a través de la proclamación fiel de la iglesia. La iglesia necesita cristianos con una mente teológica y convicciones profundas, que estén inmersos en la gloria del evangelio y sepan lo que es creer en la gracia salvadora de Dios.

Las doctrinas de la gracia son un tremendo estabilizador teológico en tiempos difíciles. Los cristianos, a través de los siglos, han tenido un gran consuelo en el conocimiento de la soberanía absoluta de Dios sobre todas las cosas, incluida Su soberanía sobre nuestra salvación. El reconocimiento de que Dios en Su gracia se propuso salvar a los pecadores y asegurar nuestra salvación en la obra de Su Hijo, no solo ha consolado a los cristianos en tiempos turbulentos, sino que también ha alimentado a innumerables misioneros y movimientos emprendedores en la historia de las misiones cristianas.

Debemos aprender a estar firmes en una herencia de fidelidad teológica que comienza con Cristo y los Apóstoles. En esa herencia también encontramos a los grandes reformadores del siglo XVI. Los grandes logros teológicos de la Reforma preservaron el evangelio y deben continuar y afirmarse en cada nueva generación.

Uno de los gritos de batalla más sobresalientes de la reforma fue *sola gratia*, salvación por gracia solamente. De hecho, todo lo que es nuestro es por gracia, incluso el mismo conocimiento de Dios. Debemos resistir todo esfuerzo por robar a la gracia de su sencillez, y así hacer una burla del sacrificio de Cristo. Somos pecadores que estábamos espiritualmente muertos y, a no ser por la gracia, moriríamos no solo perdidos, sino también ignorantes de nuestra perdición. Por gracia hemos sido elegidos para salvación por el acto soberano de Dios. Por gracia somos guardados por el poder de Dios.

Estas convicciones teológicas mantienen a Dios en el centro de nuestros pensamientos y afectos. De hecho, como este libro le recordará, la salvación no es solo *sola gratia* (por la gracia de Dios solamente), sino también *soli Deo gloria*, para la gloria de Dios solamente.

Este es un libro oportuno. Estoy increíblemente agradecido de las labores pastorales de Miguel Núñez. Por otra parte, estoy agradecido por su compromiso de ver a Dios glorificado en nuestras convicciones teológicas. Este libro es un recordatorio necesario de que servimos a un Dios soberano que se ha propuesto salvar a los pecadores y ha ejercido gracia soberana para traernos a Su reino. Mi anhelo es que este libro estimule a sus lectores a más evangelismo, más oración y más deleite en el Dios que nos ha salvado por Su asombrosa gracia.

Dr. R. Albert Mohler Jr.
Presidente del Southern Baptist Theological Seminary
Louisville, Kentucky
Junio 2015

Introducción

Alguna vez se dijo que la herejía lleva a la ortodoxia. A lo largo de la historia del cristianismo, muchos han sido los que se han desviado de la fe, pero Dios siempre ha guiado a Su iglesia al usar hombres que han preservado y proclamado las enseñanzas de la fe cristiana (mejor conocidas como doctrinas). Es así como la iglesia siempre ha regresado al fundamento bíblico. La Reforma protestante fue un período en la historia durante el cual Dios levantó una serie de hombres apasionados por Su Palabra y Su iglesia. Hombres como Martín Lutero y Juan Calvino, aunque falibles, amaban a Dios y Su verdad y por tanto fueron usados por el Señor de manera muy especial. Cuando ellos vieron prácticas no bíblicas que habían permeado la iglesia, alzaron la voz en contra de estas. Cada uno buscaba enfatizar aspectos específicos que respondían a realidades particulares de su momento histórico.

Los principios establecidos en las Escrituras afectan todas las áreas de la vida. De igual modo, cuando nos alejamos de los estándares y del diseño de Dios en dichas Escrituras, esto se refleja en todas las esferas de la sociedad. Las diez enseñanzas centrales del período de la Reforma tuvieron un impacto tal, que catapultaron el desarrollo de las naciones. Esas enseñanzas son el enfoque de este libro.

Las "enseñanzas que transformaron el mundo" fueron ignoradas por la iglesia durante muchos años hasta la época de la Reforma. Realmente después de Agustín de Hipona (354–430 d.C.), la iglesia comenzó a caer en un deterioro progresivo tanto desde el punto de vista del entendimiento teológico como desde el punto de vista moral. Ese espiral descendente culminó con la explosión del movimiento de la Reforma iniciado por Martín Lutero, cuyo ánimo se vio provocado al ver que el perdón de pecados era vendido a través de lo que se conoció como la venta de las indulgencias. Muchos consideran los años de los siglos V–XV como los años oscuros de la iglesia y en gran medida la sociedad misma entró en un período de rezago.

No creo que sea una sorpresa que la oscuridad de la iglesia fuera acompañada de cierta oscuridad en la sociedad también, ya que la iglesia es la luz del mundo y la sal de la tierra. Aún más, Dios llama a Su iglesia "columna y sostén de la verdad" (1 Tim. 3:15). Si no hay una institución que proclame la verdad de Dios, no podemos contar con una sociedad que tenga el favor de Dios, ni la cosmovisión bíblica que permita el desarrollo y el florecimiento humano. Por esos mil años a los que aludimos, con raras excepciones, la predicación de la Palabra no fue lo que había sido antes y no fue lo que fue después de la época de la Reforma. Entonces la iglesia se convirtió más bien en un poder político-religioso, altamente corrupto. Algunas de las primeras denuncias en contra de la iglesia fueron más bien de índole moral, pero para la época de Lutero la corrupción de la parte doctrinal fue tanta que la controversia hizo erupción en la Catedral de Wittemberg, Alemania, el 17 de abril de 1517.

En ese momento dado, Dios levantó a este monje desde el mismo seno de la Iglesia católica, de nombre Martín Lutero, quien entendió cuán distorsionada estaba la doctrina de la justificación por fe que enseña la Biblia. Para Lutero, la justificación por fe es la doctrina sobre la cual la iglesia se levanta o se cae. Las "doctrinas de la gracia", como las llamamos hoy, comenzaron a ser conocidas y enseñadas en el pueblo a partir de ese momento, y la iglesia comenzó a reverdecer, su luz comenzó a brillar. La frase con la que se ha dado a conocer este período es: "Después de la oscuridad, luz". Después de cientos de años de oscuridad, finalmente, Dios hizo regresar la luz a la sociedad europea y desde allí hasta Norteamérica.

Cuando esas doctrinas se predicaron en Europa, el continente fue revolucionado. La sociedad avanzó en términos del desarrollo de la democracia de los gobiernos; la educación y la ciencia fueron propulsadas y en general el movimiento de la Reforma fue acompañado por mucho progreso de las naciones. Fue justamente este movimiento que proveyó la plataforma y la cosmovisión que permitió esos avances. Hasta el día de hoy, la mayoría de las naciones desarrolladas de Europa y Norteamérica lograron su progreso por haber sido fundamentadas en los principios desarrollados por los reformadores que crearon una ética de trabajo y de investigación, que aún no ha sido superada.

Quinientos años después de la Reforma, estas enseñanzas son grandemente desconocidas en Latinoamérica. En la mayoría de los lugares donde se han conocido no han tenido la oportunidad de impactar la sociedad y quizás esto explique por qué nuestras naciones en el sur global no han tenido el desarrollo del norte.

De aquí mi interés en que estas doctrinas sean dadas a conocer porque la única esperanza de la sociedad es el evangelio de Jesucristo que puede cambiar el corazón del hombre y su forma de pensar. Estas doctrinas de la gracia literalmente transformaron la Europa de Martín Lutero y Juan Calvino e impactaron enormemente la sociedad norteamericana en la época de los puritanos y hasta los tiempos más recientes. El primer gran avivamiento de Norte América liderado por Jonathan Edwards y George Whitefield se produjo por la predicación de estas verdades.

Esto último motivó el título de este libro: *Enseñanzas que transformaron el mundo*. Grandes hombres como el apóstol Pablo fueron transformados por el entendimiento de estas doctrinas y lo mismo ha ocurrido en la historia de la iglesia con hombres como los reformadores del pasado. Cualquier nivel de transformación que haya ocurrido en mi propia vida, pensando en mí mismo como un hombre común, está también relacionado con el impacto de estas enseñanzas. Sin lugar a dudas nada cambió mi vida, mi mente, mi corazón, mi fe, mi confianza y mi imagen de Dios como el entender las cosas que enseñamos en este libro.

La mejor manera de enfocar estas doctrinas es ver la gloria de Dios en la salvación. Al final de la historia lo que estas doctrinas hacen es poner la gloria de la salvación del hombre en donde debe estar... en Dios. Por mucho tiempo esa gloria ha estado compartida entre Dios y el ser humano, mientras que estas doctrinas nos dicen: No, la gloria es exclusivamente de la persona de Dios y el ser humano es un receptor de las misericordias del Señor que jamás terminan.

En resumen, en este libro, presentamos esta gloria de Dios en la salvación del hombre al analizar las doctrinas que han sido llamadas "las cinco solas" de la Reforma, las doctrinas que muchos han resumido en el acróstico TULIP y la exposición de lo que es el evangelio y el poder del evangelio. "Las cinco solas" y las doctrinas representadas por el TULIP fueron entrelazadas para ver cómo interactúan entre sí, y finalizamos el libro con el capítulo del poder del evangelio como una manera de que el lector pueda recordar la necesidad de no comprometer la verdad de Dios. Al mismo tiempo anhelamos ver a un predicador que sea apasionado por el mensaje de la obra redentora de Jesucristo porque ese es el evangelio.

El primer capítulo fue dedicado a la doctrina de *Sola Escritura*, la cual establece que la Biblia es la máxima autoridad en todo lo relacionado a la fe y a la práctica de esta. Es una doctrina que defiende la autoridad de la Palabra de Dios, así como la suficiencia de las Escrituras. Tomamos este punto de partida, porque todo lo demás que podamos decir tiene que conformarse a lo revelado en Su Palabra. Los demás capítulos tratan una doctrina a la vez, mostrando cómo estas se relacionan entre sí.

Deseamos que estas verdades, al ser entendidas cada vez más, influyan en nuestra fe y práctica. Solo entonces veremos a la iglesia latinoamericana tener un impacto real en nuestra sociedad. Seamos sal y luz en un mundo necesitado, para que la gloria de nuestro Dios sea exaltada y la fe del lector fortalecida.

1

SOLA ESCRITURA

"¡A la ley y al testimonio! Si no hablan
conforme a esta palabra, es porque no hay para
ellos amanecer".

Isaías 8:20

INTRODUCCIÓN

El miércoles 17 de abril del año 1521, Martín Lutero fue llevado ante la Dieta de Worms, una asamblea imperial compuesta por las autoridades de los príncipes del Sacro Imperio Romano Germánico. Ante su primera comparecencia, esa noche, a Lutero se le pidió que se retractara de sus escritos y de 41 de sus 95 tesis. Bajo presión, Lutero solicitó 24 horas más para pensar y meditar. Al día siguiente, jueves 18 de abril, Lutero compareció ante el tribunal, ahora con una asistencia mucho mayor, y dio una amplia respuesta en alemán, pero luego se le pidió que lo hiciera en latín. Su interlocutor, Johann Von Eck, lo interrumpió en algún momento de su respuesta y le comunicó que no había respondido la pregunta que se le hizo acerca de si se retractaba o no de sus escritos. Le dijo: "A usted se le requiere ahora que dé una respuesta 'sin cuernos'. ¿Repudia usted o no sus libros y las cosas escritas en ellos?".

Lutero respondió: "Ya que su más serena Majestad y todos sus príncipes requieren una respuesta clara, simple y precisa, yo le daré una sin cuernos ni dientes, y es esta: 'Yo no puedo someter mi fe al papa o a los concilios porque está tan claro como el día que ellos han errado continuamente y se han contradicho a sí mismos. A menos que yo sea convencido por el testimonio de las Escrituras o por razones evidentes, me mantengo firme en las Escrituras por mí adoptadas. Mi conciencia es prisionera de la Palabra de Dios, y no puedo ni quiero revocar ninguna, viendo que no es seguro o justo actuar contra la conciencia. A Dios que me ayude. Amén.'"[1]

---

[1] Roland H. Bainton, *The Reformation of the Sixteenth Century* (Boston, MA: Beacon Press, 1952), 60-61.

Esta fue la manera como Lutero afirmó el principio de *Sola Escritura*. Cuando Lutero habló de que su conciencia es prisionera de la Palabra de Dios estaba haciendo referencia a algo que aún dentro de círculos ortodoxos de la cristiandad ha sido olvidado hoy y es que nosotros no podemos obligar a la conciencia de otro por preceptos no encontrados en la Palabra de Dios. Las opiniones y tradiciones de los hombres no nos obligan; las decisiones de concilios no nos obligan, las bulas papales no nos pueden obligar, los credos no nos obligan y las confesiones de fe no nos obligan a obedecer de manera universal si estas no están de acuerdo con la Palabra de Dios.

Solo la Palabra de Dios ata la conciencia del hombre; solo la Palabra de Dios tiene la autoridad para obligar a la conciencia. Para la época de Lutero, la Iglesia Católica Romana había introducido una serie de tradiciones religiosas no avaladas por la Palabra de Dios, que los feligreses estaban obligados a cumplir. Lutero procuraba devolver las Escrituras a su lugar primario, ya que la iglesia había colocado el magisterio de la iglesia por encima de la Palabra misma. Para Lutero "las Escrituras eran la *norma normans* (norma determinante), no la *norma normata* (norma determinada), para todas las decisiones de la fe y de la vida."[2]

Esto no ha cambiado mucho en la iglesia católica del día de hoy, y a la vez podemos decir que esa tendencia de parte del ser humano a elevar como precepto de Dios lo que realmente es una idea humana, no es algo nuevo. Cristo tuvo que denunciar a las autoridades religiosas de su época por la misma razón. En el texto de Marcos 7:13, Jesús delata a los fariseos diciendo que han "[invalidado] así la palabra de Dios por vuestra tradición, la cual habéis transmitido, y hacéis muchas cosas semejantes a éstas". La realidad es que hay muchas cosas en todas las denominaciones que corresponden a tradiciones. Aunque no son necesariamente antibíblicas, no pueden ser enseñadas como estándar para todo el mundo, porque solo la Palabra de Dios tiene esa autoridad. Como ejemplo podríamos citar la manera como celebramos las bodas en nuestras iglesias o como hacemos el proceso de membresía. Una congregación puede ponerse de acuerdo en cuanto a cómo llevar a cabo estas actividades, siempre y cuando entiendan y enseñen que sus formas no constituyen mandatos de Dios. Otras veces, las tradiciones sí pueden representar violaciones de la Palabra, en estos casos no podemos someternos a ellas. Un ejemplo de esto es la veneración de imágenes como ocurre en ciertas tradiciones.

Lutero respondió el día de su defensa ante la asamblea en Worms, "mi conciencia es cautiva de la Palabra de Dios", rechazando así declaraciones de concilios y bulas que contradecían la revelación de Dios. Es importante resaltar que cuando los credos y las confesiones de fe coinciden con la Palabra, esas declaraciones nos exigen una cierta obligación; pero su autoridad no está en ellas, sino en la Palabra de Dios que las ampara. A lo largo de la historia de la iglesia, los credos y las confesiones han sido y siguen siendo

---

[2] Timothy George, *Theology of the Reformers*, ed. rev. (Nashville, TN: B&H Publishing Group, 2013), 81-82.

importantes porque ellos reflejan el resultado de horas de estudio, meditación y aun debates de grandes hombres de Dios en el pasado. Estos hombres defendieron la verdad frente a amenazas de la fe. La iglesia muchas veces ha servido de cofre para salvaguardar las grandes verdades de la Biblia.

De hecho cuando Pablo le escribe a Timoteo le dice que "es la iglesia del Dios vivo, columna y sostén de la verdad" (1 Tim. 3:15). Si esa iglesia negocia la Palabra de Dios, ya no es columna y sostén de la verdad; si la iglesia no lleva a cabo su función de preservar y sostener la verdad como columna, entonces no hay esperanza con la verdad de Dios porque no queda nadie más para preservar la verdad, para sostener la verdad, proclamar la verdad, para que se escuche la verdad.

La iglesia tiene una responsabilidad enorme, por eso es que Pablo, cuando escribe a los Corintios, les dice: "Porque yo os entregué en primer lugar lo mismo que recibí: que Cristo murió por nuestros pecados, conforme a las Escrituras; que fue sepultado y que resucitó al tercer día, conforme a las Escrituras" (1 Cor. 15:3-4). Nosotros tenemos que garantizar que pasaremos a la próxima generación las mismas verdades que hemos recibido; sin diluirlas ni comprometerlas. Nuestra única esperanza como sociedad está en la Palabra de Dios. Podemos marchar, podemos escribir, podemos ir al congreso pero ahí no está nuestra esperanza, sino en la Palabra inmutable de nuestro Dios. La Palabra es lo único que puede cambiar la mente, el corazón, la voluntad del hombre, su forma de ver la vida, su forma de pensar, los crímenes, las drogas, los vicios y todo lo demás. El resto son parches, vendajes que a veces ayudan momentáneamente, pero la herida continúa. La Palabra de Dios es la cura final.

Sola Escritura es un principio vital porque protege la revelación de Dios, la Palabra y aun la aplicación de dicha revelación. Este es el principio que mucha gente hoy en día no está respetando y en su lugar está distorsionando las enseñanzas de dichas Escrituras. Algo de lo cual ya Pedro nos había hablado:

> *Asimismo en todas* sus *cartas [Pablo] habla en ellas de esto; en las cuales hay algunas cosas difíciles de entender, que los ignorantes e inestables tuercen—como también tuercen el resto de las Escrituras— para su propia perdición (2 Ped. 3:16).*

Notemos cómo Pedro dice que estos falsos maestros tuercen los pasajes que son difíciles de entender, pero también tuercen los demás. De nuevo, la iglesia de Cristo tiene la responsabilidad de proteger las doctrinas de la fe cristiana. Las enseñanzas y las confesiones de fe como mencionamos, tienen su importancia, pero siempre están subordinadas a la autoridad de la Palabra infalible e inerrante de Dios.

De manera que el concepto de *Sola Escritura* no invalida la responsabilidad que la verdadera iglesia de Cristo tiene de interpretar bajo la guía del Espíritu Santo la revelación de Dios. "*Sola Escritura* nunca fue un asunto de Escritura o tradición, la Santa Palabra o la Santa Iglesia. La doctrina de la suficiencia de las Escrituras ha funcionado en el contexto en el cual la Biblia es considerada como el Libro dado a la iglesia, la comunidad de fe, la cual es formada y guida por el Espíritu Santo."[3]

El Espíritu de Dios es el verdadero intérprete de la Palabra como enseñaron los reformadores. Dentro de la iglesia verdadera, Dios ha dotado a algunos con dones especiales de enseñanza para explicar y pasar a otros, aquello que el Espíritu revela.

Durante la Edad Media y hasta la época de la Reforma, abundó la interpretación alegórica de las Escrituras.[4] Se hablaba de que las Escrituras tenían más de un significado. Juan Casiano defendía los cuatro niveles de significado e interpretación de las Escrituras:

> *La letra muestra lo que Dios y nuestros padres hicieron; La alegoría muestra dónde está escondida nuestra fe; El significado moral nos da reglas para el diario vivir; La anagogía muestra dónde termina nuestra lucha.*[5]

Esta manera de ver las Escrituras y sobre todo la forma alegórica de interpretación permitían que la iglesia y las autoridades religiosas en general justificaran cualquier tipo de prácticas basadas precisamente en interpretaciones alegóricas de los textos. En una ocasión escuché sobre un pastor que enseñaba que la resurrección de Lázaro era una alegoría que representaba el rapto de los creyentes al final de los tiempos. Eso nos da una idea de cómo pueden ser distorsionados los textos para hacerlos decir cosas que no dicen. Lamentablemente, esa práctica ha surgido nuevamente, con la excepción de que ahora esa práctica aparece en sectores de la iglesia evangélica. La verdadera interpretación de la Palabra la da el Espíritu Santo.

SOLA ESCRITURA: DEFINICIÓN

El principio de *Sola Escritura* proclama que la Biblia es la "autoridad final o la corte de última apelación en todo lo que afirma (o implica)."[6] Este fue un principio que los reformadores levantaron junto con el principio de *Sacra Scriptura sui ipsius interpres* que significa: las Sagradas Escrituras son su propio intérprete.[7] El Espíritu Santo que inspiró la Palabra, ilumina la mente del creyente para encontrar en la Palabra misma el significado de aquello que Dios quiso comunicar.

El apóstol Pedro por dirección del Espíritu Santo nos enseñó lo siguiente: "Pero ante todo sabed esto, que ninguna profecía de la Escritura es asunto

---

[3] Ibíd., 82.

[4] Gregg R. Allison, *Historical Theology* (Grand Rapids, MI: Zondervan, 2011), 162-84.

[5] Ibíd., 169.

[6] Norman L. Geisler, "The Origin and Inspiration of the Bible", en *Systematic Theology, Vol. 1* (Minneapolis, MN: Bethany House Publishers, 2002), 240.

[7] Peter A. Lillback, "'The Infallible Rule of Interpretation of Scripture': The Hermeneutical Crisis and the Westminster Standards", en *Thy Word is Still Truth*, eds. Peter A. Lillback y Richard B. Gaffin, Jr. (Phillipsburg, NJ: P&R Publishing Company, 2013), 1279-1320.

de interpretación personal, pues ninguna profecía fue dada jamás por un acto de voluntad humana, sino que hombres inspirados por el Espíritu Santo hablaron de parte de Dios" (2 Ped. 1:20-21). Ese solo pasaje nos deja varias enseñanzas:

1) Las Escrituras no son asunto de interpretación personal

Ninguna persona debería decir: "Para mí esta porción de las Escrituras significa esto", y otra decir: "Bueno, para mí significa esto otro", quizás completamente contradictorio, y ambas pensar que las dos opiniones son correctas. Porque no es un asunto de interpretación personal. Las aplicaciones pueden variar, pero el texto debe significar lo que significó para su audiencia original.

2) Las Escrituras provienen de una revelación divina

Ninguna profecía o ninguna de las enseñanzas de la Palabra llegaron a nosotros como consecuencia de una intención, deseo o proyecto humano. El texto de Pedro dice que: "... ninguna profecía fue dada jamás por un acto de voluntad humana..." El hombre no decidió tener una revelación de Dios ni se la pidió a Dios o la descubrió en su sabiduría. La revelación que tenemos hoy en la naturaleza y en las Escrituras es fruto de la voluntad divina que tiene la autoridad para demandar sometimiento. Por eso hablamos de *Sola Escritura*.

3) Las Escrituras fueron inspiradas por el Espíritu Santo

Cuando estos hombres hablaron, lo hicieron de parte de Dios, inspirados por el Espíritu Santo. Es esa inspiración hace posible esta declaración del Salmo 119:160: "La suma de tu palabra es verdad". La suma de tu palabra; no una parte; no una porción; no el Nuevo Testamento, sino toda la Palabra... de tapa a tapa es verdad.

Dado ese entendimiento, el hombre no debería atreverse a editar a Dios, ya sea quitando o agregando a Su Palabra. La advertencia aparece en el último libro de la Biblia:

> *Yo testifico a todos los que oyen las palabras de la profecía de este libro: Si alguno añade a ellas, Dios traerá sobre él las plagas que están escritas en este libro; y si alguno quita de las palabras del libro de esta profecía, Dios quitará su parte del árbol de la vida y de la ciudad santa descritos en este libro (Apoc. 22:18-19).*

Si le añades, enseñarás de parte de Dios principios o mentiras que Dios no ha revelado y si le eliminas verdades que Dios ha querido dar al hombre, reduces Su revelación. Cada escritura y cada palabra ha sido inspirada por Dios. Por eso no solo tenemos que hablar de *Sola Escritura*, sino también de *Tota Escritura* (esto es, la totalidad de estas). Hay corrientes religiosas que quieren señalar que solo porciones de la Palabra son infalibles, diciendo que solo porciones de la Palabra fueron inspiradas, y si caemos en esa trampa, entonces cada cual estará tomando y dejando enseñanzas de la Palabra según sea conveniente para cada quien. Esto ha provocado que en vez de predicar todo el consejo de Dios, hoy se predique en muchos púlpitos parte del consejo de Dios; aquello que les conviene y que los oídos de una población que se dice cristiana quieren oír, pero muchas veces son cristianos solamente de nombre.

Hoy se predica mucho, pero escasea la Palabra de Dios como en los años de juventud del profeta Samuel (1 Sam. 3:1).[8] Hoy proliferan los púlpitos, pero no la verdad en los púlpitos. Tristemente hemos visto en los últimos años una proliferación del error, de la mentira y del engaño. Y esto se debe a una sola razón: ignorar el principio de *Sola Escritura*. Lo que creemos, enseñamos y hacemos en la iglesia cristiana depende de la autoridad que le concedamos a la Palabra. Martyn Lloyd-Jones, uno de los grandes hombres de la fe y uno de los grandes teólogos del último siglo, dijo que *"sin lugar a dudas todos los problemas de la iglesia hoy y todos los problemas del mundo, se deben a una desviación de la autoridad de la Palabra"*[9]. Cuando la Palabra de Dios no es la única autoridad en materia de fe y práctica, los creyentes terminan muchas veces con un Cristo menos importante, como los testigos de Jehová y los mormones que no creen en Cristo como Dios; o terminan sumándole a Cristo otros intermediarios como practica la iglesia católica. En otros casos, la falta del principio de *Sola Escritura* ha abierto las puertas a una cantidad considerable de materiales de enseñanza que corresponden a doctrinas extrabíblicas provenientes de supuestas revelaciones, sueños y visiones. El principio de *Sola Escritura* protege la verdad de Dios y la gloria de Dios.

En el resto de este capítulo, quiero anclar en la Palabra de Dios el concepto de *Sola Escritura* de una forma aún más clara y convincente. Y para tales fines voy a emplear textos tanto del Antiguo Testamento como del Nuevo Testamento.

SOLA ESCRITURA: IMPLICACIONES

Nuestro primer apoyo en la defensa de esta doctrina aparece en el Antiguo Testamento, en Isaías 8:20: "¡A la ley y al testimonio! Si no hablan conforme a esta palabra, es porque no hay para ellos amanecer". La Nueva Traducción Viviente lo señala de esta forma: "¡Busquen las instrucciones y las enseñanzas de Dios! Quienes contradicen su palabra están en completa oscuridad". Me llama la atención esta segunda traducción porque de una forma clara nos deja ver que cuando nos desviamos de la Palabra estamos transitando sin luz por el camino del error. Dicho en otras palabras, caminamos por el camino del pecado; violentamos el estándar de Dios. El

---

[8] Para más información, véase Steven J. Lawson, *Famine in the Land* (Chicago, IL: Moody Publishers, 2003).

[9] D. Martyn Lloyd-Jones, *The Christian Soldier: An Exposition of Ephesians 6:10-20* (Grand Rapids, MI: Baker Books, 1977), 210.

salmista declara: "Lámpara es a mis pies tu palabra, y luz para mi camino" (Sal. 119:105). El salmista está de acuerdo con esta declaración del profeta Isaías. Una iglesia o un predicador que distorsiona o diluye la Palabra es como un hombre que anda en medio de la noche, en medio de la oscuridad sin una luz que le indique por dónde caminar y por tanto se tropieza, se cae y se hiere continuamente.

Otros textos del Antiguo Testamento avalan la autoridad de la Palabra por ser revelación inerrante e infalible proveniente de un Dios que ha inspirado cada una de las palabras de la Biblia. A eso llamamos inspiración verbal. Los salmos 19 y 119 nos hablan abundantemente del testimonio de la Palabra de Dios.

Cuando llegamos al Nuevo Testamento nos encontramos con que Jesús trató el Antiguo Testamento como autoritativo en su totalidad (Mat. 5:18; Juan. 10:33-35). Y al final de la historia redentora revelada en Su Palabra, Dios nos advierte a través de Juan sobre las consecuencias que nos pueden sobrevenir cuando eliminamos o agregamos contenido a lo que Dios ha dicho. Es un texto importante porque señala cómo Dios cierra su historia:

> *Yo testifico a todos los que oyen las palabras de la profecía de este libro: Si alguno añade a ellas, Dios traerá sobre él las plagas que están escritas en este libro; y si alguno quita de las palabras del libro de esta profecía, Dios quitará su parte del árbol de la vida y de la ciudad santa descritos en este libro (Apoc. 22:18-19).*

Si no podemos agregar o restar al contenido de la Palabra de Dios, lo único que nos queda es *Sola Escritura.* Alguien podría preguntar: Si está tan claro, ¿por qué hubo necesidad de hacer una "revolución" tan grande en la época de la Reforma? Y la respuesta es muy sencilla. La iglesia de Roma estaba exigiendo el cumplimiento de una serie de obligaciones no contenidas en la Palabra de Dios que iba desde la adoración a los santos y las reliquias hasta la venta de las indulgencias para el perdón de pecados. Roma apelaba a que la tradición establecía estas prácticas como buenas y válidas. Sin embargo, Lutero insistía en que la tradición no podía tener el peso que tiene la Palabra y que donde estas dos cosas chocaran, la Palabra tendría la supremacía.

El Concilio de Trento de 1546, afirmó que la tradición oral tenía tanto peso como la tradición escrita de la Palabra de Dios. La iglesia hablaba entonces y habla hoy del peso que la tradición tiene a la par con las Sagradas Escrituras, algo que a los reformadores les parecía inconcebible. La Enciclopedia Católica afirma que:

> *[Las] Sagradas Escrituras por tanto, no son la única fuente de revelación que Dios haya dado a la iglesia. A la par con las Escrituras está la tradición; a la par con la revelación escrita está la revelación oral. Dado esto, es imposible estar satisfecho con la Biblia solamente para la solución de todas las interrogantes relativas a los dogmas.*

Este fue el primer campo de controversia entre los teólogos católicos y los reformadores.[10]

En este punto la iglesia de Roma no ha variado su posición. El punto 95 del catecismo católico hoy afirma: "La Tradición, la Escritura y el Magisterio de la iglesia, según el plan prudente de Dios, están unidos y ligados, de modo que ninguno puede subsistir sin los otros; los tres, cada uno según su carácter, y bajo la acción del único Espíritu Santo, contribuyen eficazmente a la salvación de las almas".[11] Según esta declaración, la Palabra de Dios no puede subsistir independientemente de la tradición o del magisterio de la iglesia. Esto hace a la Palabra de Dios dependiente del hombre y de la iglesia. Y eso a la luz de la revelación de Dios es inaceptable. La Palabra de Dios juzga a la iglesia, juzga a sus maestros y no al revés. La iglesia entera y todos sus maestros pueden desaparecer, junto con el cielo y la tierra, pero Su Palabra, no pasará. Cristo así lo afirmó y así lo creemos. Es una afrenta a la Palabra de Dios equipararla con la tradición o las enseñanzas de cualquier sacerdote, pastor, obispo, cardenal, papa, concilio o confesión de fe, aunque sean nuestras propias confesiones de fe. El Salmo 138:2 es muy claro en cuanto a cuál es el veredicto de Dios con relación a su Palabra: "... has engrandecido tu nombre, y tu palabra sobre todas las cosas" (RVR1960). Esto incluye a toda autoridad humana. Eso es *Sola Escritura*.

El concepto de *Sola Escritura* implica también que la Palabra de Dios es la única fuente inspirada por Dios, originada en Dios y dada por Dios a los hombres; y al darla, esa inspiración llegó hasta nosotros de manera infalible; y esto es consistente con el carácter de Dios. Es esa Palabra la fuente de autoridad máxima en materia de fe y práctica. El Concilio Internacional de Inerrancia Bíblica que se reunió en Chicago en 1978, en su artículo II dice: *"Afirmamos que las Escrituras son la norma suprema que ata la conciencia y que la autoridad de la iglesia está subordinada a las Escrituras. Negamos que los credos de las iglesias, los concilios, o declaraciones tienen una autoridad superior o igual a la autoridad de la Biblia".* Y así creemos nosotros.

Sola Escritura fue el grito de batalla de la Reforma del siglo XVI y ese grito debería sonar hoy otra vez. Pero esta vez en medio de una iglesia evangélica que ha comprometido cada punto de doctrina. No hay integridad en medio de la iglesia evangélica de nuestros días y por un beneficio económico muchos comprometen la integridad de la Palabra. Se predica otro evangelio; el de la prosperidad; se vende en sermones; se vende en medio de teletones para recaudar dinero; se vende en libros y se vende en conciertos vía reconocidas personalidades de pastores y cantautores.

---

[10] Jean Bainvel, "Tradition and Living Magisterium", *The Catholic Encyclopedia, Vol. 15* (New York: Robert Appleton Company, 1912), página consultada el 18 de marzo de 2015, http://www.newadvent.org/cathen/15006b.htm.
[11] Libreria Editrice Vaticana, *Catechism of the Catholic Church*, (Liguori, MO: Liguori Publications, 1994), 29.

Recordemos las palabras de Isaías: "¡A la ley y al testimonio! Si no hablan conforme a esta palabra, es porque no hay para ellos amanecer" (Isa. 8:20). No hay luz en ellos. Esas personas están a oscuras; en pecado. Cristo lo dijo de esta manera: *Así que, si la luz que hay en ti es oscuridad, ¡cuán grande será la oscuridad!* (Mat. 6:23).

Cuando hablamos de *Sola Escritura* también hablamos de *Tota Escritura*. Con esto queremos dejar sentado que toda escritura (cada palabra) ha sido inspirada por Dios y no solo porciones de ella. Eso es lo que Pablo afirma categóricamente en 2 Timoteo 3:16: *Toda Escritura es inspirada por Dios y útil para enseñar, para reprender, para corregir, para instruir en justicia.* La palabra traducida como inspirada es *'theopneustos'* en griego, que implica exhalada; que ha salido de Dios en forma completa y no parcialmente, sino que toda escritura ha sido exhalada por Dios. Como salió de Dios y la fuente desde donde salió es infalible, eso implica que el resultado de la inspiración fue y sigue siendo infalible e inerrante en sus escritos originales. Dios garantizó vía Su inspiración, la infalibilidad de la Biblia. Dios comunicó Su mente y Su voluntad infaliblemente, como escribió el gran teólogo reformado Charles Hodge. Y así sus autores convencidos de que eran solo meros instrumentos de comunicación hablaron de esta forma muchas veces: "ASÍ DICE EL SEÑOR". Ellos tenían seguridad de que las palabras que salían de su boca no eran de inspiración humana. Y cuando hablaban, eran verdades consistentes con previas revelaciones de Dios o hablaban palabras referentes a acontecimientos futuros. Hoy en día, muchos llamados profetas no tienen aprecio por *Sola Escritura*, y por tanto con suma facilidad suelen decir: "Así dice el Señor o el Señor me dijo", cuando en realidad el Señor no ha hablado.

Leíamos en el pasaje de 2 Timoteo 3:16, que Dios nos ha dejado Su Palabra "…para enseñar, para reprender, para corregir, para instruir en justicia" y el próximo versículo nos dice para qué: "a fin de que el hombre de Dios sea perfecto, equipado para toda buena obra" (2 Tim. 3:17). El hombre de Dios solo necesita la Palabra de Dios para estar completo. Por eso el concepto de *Sola Escritura* implica que la Palabra de Dios es perfecta y que está completa en sí misma. Wayne Grudem, profesor de Teología y Estudios Bíblicos en el Seminario de Phoenix, Arizona, en su Teología Sistemática, nos dice que la perfección de las Escrituras implica que estas "contienen todas las palabras de Dios que Él quería que su pueblo tuviera en cada etapa de la historia de la redención, y que ahora contiene todo lo que necesitamos que Dios nos diga para la salvación; para confiar en Él perfectamente y para obedecerle perfectamente."[12]

Sola Escritura significa que la Escritura es: Inspirada por Dios. Nuestros sermones no son inspirados por Dios, ningún catecismo es inspirado por Dios; ninguna confesión de fe es inspirada por Dios. En el mejor de los casos, solo pueden estar basadas en aquello que ya Dios ha inspirado.

---

[12] Wayne Grudem, "(4) Suficiencia", en *Teología sistemática: Una introducción a la doctrina Bíblica* (Miami, FL: Editorial Vida, 2007), 131.

Sola Escritura y la doctrina de la inerrancia

Anterior a la década de 1960, los términos infalibilidad e inerrancia eran vistos como sinónimos por la gran mayoría.[13] A partir de entonces se ha hecho necesario decir que la Biblia es inerrante e infalible debido a que muchos hoy en día afirman que la Biblia contiene errores en cuanto a descripciones de acontecimientos históricos y en aspectos relacionados a la ciencia. Muchos de ellos, entonces, afirman que la Biblia no es inerrante, pero sí infalible. Con esto quieren decir que la Biblia no miente en aspectos espirituales ni es capaz de llevarte a la perdición, ni por el camino del error (infalible), pero que los hombres del pasado escribieron conforme al entendimiento mitológico de aquella época y por tanto relataron la creación del cosmos o acontecimientos históricos conforme a las mitologías circulantes en su tiempo, de tal forma que terminaron "mitologizando" dichas narraciones.[14] Esto es inconsistente con la revelación de Dios, que afirma de manera categórica que las Escrituras no contienen error alguno, porque como dice el Salmo 19:7-9:

> La ley del Señor es perfecta, que restaura el alma; el testimonio del Señor es seguro, que hace sabio al sencillo. Los preceptos del Señor son rectos, que alegran el corazón; el mandamiento del Señor es puro, que alumbra los ojos. El temor del Señor es limpio, que permanece para siempre; los juicios del Señor son verdaderos, todos ellos justos.

Por otro lado Cristo afirmó: *Porque en verdad os digo que hasta que pasen el cielo y la tierra, no se perderá ni la letra más pequeña ni una tilde de la ley hasta que toda se cumpla* (Mat. 5:18). Cristo no se refirió exclusivamente a la ley de Moisés cuando habla de que no dejará de cumplirse ni una tilde de la ley, sino que se estaba refiriendo a toda la revelación de Dios.

La idea de que la Biblia es inerrante e infalible brinda apoyo a la doctrina de *Sola Escritura*, precisamente porque ninguna otra fuente tiene dichas características. Si la Biblia está corrompida con errores, entonces no puede ser *Sola Escritura* porque la Palabra tendría que ser sometida al escrutinio y corrección de los eruditos, de tal forma que la revelación de Dios dejaría de ser o de estar "sola" en una categoría por separado. Si Dios nos hubiese dado una revelación con errores nos habría predispuesto al desarrollo de una teología defectuosa, deficiente, incorrecta. Pero Dios no miente (Núm. 23:19).

Reflexión final

Como dijimos *Sola Escritura* implica que la Palabra es la máxima autoridad del creyente y que todas sus enseñanzas demandan obediencia de parte de

---

[13] Ibíd., 95.
[14] Peter Enns, "Inerrancy, However Defined, Does Not Describe What The Bible Does", en *Five Views on Biblical Inerrancy*, eds., J. Merrick, Stephen M. Garrett y Stanley N. Gundry (Grand Rapids, MI: Zondervan, 2013), Kindle version, loc. 1578 of 5903.

los hombres, que de no suceder, incurren en pecado. Como la Biblia es la revelación de Dios para todos los hombres, entonces, ninguna porción de la Palabra es asunto de interpretación personal. La interpretación de la Palabra requiere reglas de interpretación transmitidas a lo largo de los siglos, y la primera de ellas es que la Palabra interpreta a la Palabra, es decir, se interpreta a ella misma. ¿Cómo? Comparando versículo con versículo, pasaje con pasaje. *Sola Escritura* no nos permite despegarnos del pasado, y traer hoy interpretaciones nuevas que contradicen la fe entregada a los santos, una vez y para siempre (Jud. 3).

Sola Escritura juzga a la iglesia y sus maestros, y no al revés. *Sola Escritura* requiere de hombres y mujeres que manejen con precisión la Palabra de verdad (2 Tim. 2:15). *Sola Escritura* protege la revelación de Dios, la integridad del nombre de Dios y proclama la gloria de Dios.

La próxima enseñanza en importancia para lo que estamos tratando de comunicar en este libro es la doctrina de la inhabilidad total del hombre, que nos permite ver cuán imposibilitados quedaron Adán y sus descendientes después de la caída. Si no entendemos esta verdad a cabalidad es posible que la gracia de Dios no nos resulte tan sublime; que no veamos la fe en Dios como un don y aun que desarrollemos una tendencia no intencional de compartir la gloria de Dios en la salvación al vernos cooperando con Él para alcanzar nuestra redención.

2

La salvación de Dios y la inhabilidad del ser humano

"Ya que la mente puesta en la carne es enemiga de Dios, porque no se sujeta a la ley de Dios, pues ni siquiera puede *hacerlo*".

Romanos 8:7

INTRODUCCIÓN

Podemos hablar acerca de la salvación del hombre (de parte de Dios) o simplemente llamar a esta doctrina, la salvación de Dios, porque ciertamente, como afirma Su Palabra, la salvación es del Señor (Sal. 3:8). Antes de comenzar a hablar acerca de la inhabilidad del ser humano, creo que sería de edificación entender algunos conceptos importantes acerca del propósito de la salvación del ser humano. Si podemos entender todo lo que Dios ha revelado en torno al propósito de nuestra salvación, el aceptar muchas de las verdades explicadas en este libro será mucho más fácil, y por esta razón emplearemos un buen tiempo revisando algunas verdades importantes en torno a la salvación que Dios trae al hombre y Su propósito primario, porque eso nos ayuda a posicionar la mente para entender todo lo demás.

Lo primero que necesitamos puntualizar es que el plan de redención de la humanidad tiene a Dios en el centro y no al hombre mismo. Una de las formas más pedagógicas del aprendizaje es hacernos preguntas, cuyas respuestas tenemos que explorar. Al enfrentarnos con preguntas, nuestra tendencia es brindar respuestas basadas en lo que hemos oído o lo que hemos asumido. Pero cuando se trata de la revelación de Dios, lo mejor que podemos hacer es escudriñar lo que Dios ha revelado en la Biblia y luego llegar a conclusiones. Y eso comenzaremos a hacer en este capítulo, lo cual repetiremos en todo el contenido de este material. La primera pregunta que debiéramos explorar es:

¿Por qué y para qué nos salvó Dios? Respuesta: **Para mostrar Su gloria** como revelan múltiples pasajes bíblicos. La epístola a los Efesios es la que más claramente revela esta verdad que acabamos de enunciar:

También hemos obtenido herencia, habiendo sido predestinados según el propósito de aquel que obra todas las cosas conforme al consejo de su voluntad, a fin de que nosotros, que fuimos los primeros en esperar en Cristo, seamos para alabanza de su gloria (Ef. 1:11-12).

Estos dos versículos nos permiten ver, en primer lugar, que Dios al salvarnos lo hizo conforme al consejo de Su voluntad; Él no consultó con nadie, ni necesitó la ayuda de una segunda persona. Pero también el texto revela que el fin último de esa salvación es que nosotros seamos para la alabanza de Su gloria.[1] Mi salvación debe celebrar, exaltar y poner en alto la gloria de Dios. Fue para eso que nos salvó. Si escudriñamos la Biblia con detenimiento, veremos que Dios proclama que todo cuanto Él hace, lo hace para proclamar Su gloria. Y eso incluye nuestra salvación. No hay ningún otro propósito primero o por encima que no sea la gloria de Dios. Como no hay nadie por encima de Él, nadie más digno de gloria y honra, el propósito más alto por el cual Dios puede hacer algo es Él mismo, Su propia gloria, Su renombre. En Isaías 43:7 Dios lo declara de esta manera: "...a todo el que es llamado por mi nombre y a quien he creado para mi gloria, a quien he formado y a quien he hecho". Dios ha creado a todo ser humano para la revelación de Su gloria, algo que podemos ver aun en la vida de reyes paganos. Dios llama a Nabucodonosor "mi siervo" (Jer. 25:9; 27:6) y a Ciro, "mi pastor" (Isa. 44:28). Precisamente porque ellos cumplieron Sus propósitos.

En Éxodo 9:16 Dios habla a Faraón diciendo: "Pero en verdad, por esta razón te he permitido permanecer: para mostrarte mi poder y para proclamar mi nombre por toda la tierra". En otras palabras, Dios levantó a Faraón para mostrar Su poder en él; Dios lo levantó para Su gloria. Cuando entendemos el contraste entre la gloria de Dios y la corrupción moral del ser humano que estudiaremos en este capítulo, no será tan difícil comprender que la salvación depende completamente de Dios y no del hombre. Como Dios está en el centro de Su plan de redención, es la gloria de Su ser, la gloria de Su nombre lo que se pone de manifiesto en nuestra salvación.

Dios dice otra vez, por medio del profeta Isaías en el capítulo 48:9 y 11: "Por amor a mi nombre contengo mi ira, *para* mi alabanza *la* reprimo contigo a fin de no destruirte… Por amor mío, por amor mío, lo haré, porque ¿cómo podría ser profanado *mi nombre*? Mi gloria, pues, no la daré a otro". Aun cuando Dios ejerce misericordia hacia nosotros, reteniendo la ira de Su justicia, el propósito primario es el amor a Su nombre y a Su propia gloria. Eso no hace a Dios egocéntrico; eso hace a Dios *Dios-céntrico*. Nadie es más Dios-céntrico que Dios mismo. Usted pudiera decir, ¿eso no es egocéntrico de parte de Dios? Pero pausemos y preguntémonos, ¿centrado en quién pudiera Dios hacer las cosas, si no es en Él mismo? ¿En el hombre? ¿En el ser humano que tiene una naturaleza pecadora? ¿En el hombre limitado, corrompido? ¿En el ser humano que no supo retener la posición en el

---

[1] Thomas R. Schreiner, "A Biblical Theology of the Glory of God", en *For the Fame of God's Name*, eds. Sam Storms y Justin Taylor (Wheaton, IL: Crossway Books, 2010), 232.

jardín del Edén, aún cuando no tenía una naturaleza pecadora y cambió todo el planeta por una fruta y una mordida? ¿En ese hombre? Si usted entiende correctamente quien es Dios, usted será el primero en no querer estar en el centro del plan de Dios. Porque Su voluntad es perfecta, buena, agradable e inescrutable; nosotros no la entendemos. Joel R. Beeke dice que si tenemos que reducir el calvinismo a un solo concepto, lo más seguro es hacernos eco de Warfield, quien dijo que ser Reformado es ser Dios-céntrico.[2]

Dios lo dice de otra manera muy similar en Isaías 43:21: "El pueblo que yo he formado para mí proclamará mi alabanza". Ese pueblo que Dios formó para Él, es el primero que va a disfrutar de las riquezas en gloria y de Su gloria misma. Es el primero que va a disfrutar de Sus bendiciones. Cuando conozcamos lo que nosotros todavía no conocemos vamos a aplaudir el hecho de que Dios nos creo para Él. Una vez más, en Efesios 1:5-6 Dios declara el propósito de nuestra salvación: "Nos predestinó para adopción como hijos para sí mediante Jesucristo, conforme al beneplácito de su voluntad, para alabanza de la gloria de su gracia que gratuitamente ha impartido sobre nosotros en el Amado". Gracia gratuita impartida sobre nosotros con una razón y solamente una, el beneplácito de Su voluntad, para la alabanza de Su gloria. En Efesios 1:1-13, tres veces dice Dios que nos ha dado salvación para la alabanza de Su gloria. No hay nada mejor que poder hacer algo para la alabanza de la gloria de Dios. El apóstol Pablo lo declara en el Nuevo Testamento de otra manera en 1 Corintios 10:31: "Entonces, ya sea que comáis, que bebáis, o que hagáis cualquiera otra cosa, hacedlo todo para la gloria de Dios". Ya sea que leas este libro, que prediques, que enseñes, que te cases, que tengas hijos o no los tengas, te quedes soltero o no, hazlo todo para la gloria de Dios. Dios es Dios-céntrico porque Él es el ser más glorioso en todo el universo. No hay manera de acusar a Dios de ser egocéntrico. Si yo dijera de mí mismo que soy el pastor más inteligente del mundo, los demás pensarían que soy arrogante. ¿Por qué? Porque no es verdad. Cuando Dios dice que es el ser más glorioso del universo, Él no está siendo arrogante porque eso sí es verdad. No hay otro ser superior, ni semejante, ni siquiera cerca. Al hacer esta afirmación, Dios simplemente está siendo veraz. Dios no puede mentir, lo que Él dice siempre es verdad. Nuestra segunda pregunta:

¿Qué es la gloria de Dios?

La palabra gloria en hebreo es *Kabod* que implica algo pesado, algo no trivial. En griego es *Doxa*; que en el griego clásico o antiguo tenía que ver con algo que causaba en el otro una buena opinión. En otras palabras si yo hablaba bien de mi hermano Pedro, estaba, en cierta manera, 'glorificando' a Pedro. Eso que decía de Pedro hacía que otros pensaran bien de él. Cuando nosotros hablamos que necesitamos glorificar a Dios es que debemos hablar y vivir de una manera tal que la imagen que el otro tiene de Dios sea agrandada

---

[2] Joel R. Beeke, *Living for God's Glory*, (Lake Mary, FL: Reformation Trust, 2008), 40.

en su mente. Eso es lo que hacemos cuando damos testimonio de lo que Dios ha hecho en nuestras vidas. Al glorificar a Dios reconocemos el honor que Él merece, pero a la vez reflejamos hacia otro la imagen de Dios. Cuando la salvación es entendida correctamente agiganta el tamaño de Dios en nuestras mentes porque nos ayuda ver a Dios de una forma más majestuosa.

LA GLORIA DE DIOS EN LA CRUZ

Nuestra salvación pone de manifiesto algunos de los atributos de Dios. En la cruz podemos ver Su justicia, Su sabiduría, Su misericordia, Su gracia y Su amor. Y todos ellos de una manera infinita. Todos los atributos de Dios son infinitos, no tienen fin, no hay un pecado que pueda agotar la gracia de Dios. No hay un número de pecados que pueda agotar la paciencia de Dios; no hay problema que pueda agotar Su sabiduría; no hay apatía del hombre hacia Él que pueda agotar Su amor.

La cruz pone de manifiesto Su sabiduría. Ninguno de nosotros, ni Satanás, hubiese podido concebir un plan de salvación a través de crucificar a Dios mismo. La predicación de la cruz es algo tan 'contra sentido' para el hombre natural, que él la llega a considerar como una necedad, una locura. En 1 Corintios 1:18 Pablo llama necedad a la palabra de la cruz. Sin embargo, a través de la locura de la predicación Dios ha decidido salvar al ser humano. El hombre natural lo escucha y piensa que es una necedad y es a través de esa necedad por medio de la cual Dios salva al hombre. Eso requiere sabiduría. La necedad de Dios o la locura de Dios es más sabia que los hombres (1 Cor. 1:25). Aquello que el ser humano considera una locura o necedad (la predicación de la cruz) contiene más sabiduría que toda la sabiduría humana de todos los tiempos combinada. Eso está desplegado en la cruz y en la predicación de la cruz.

La cruz pone de manifiesto Su poder. Colosenses 2:15 señala que en la cruz Cristo derrotó los poderes de las tinieblas. Dios encarnado, en Su punto más débil, en el punto donde había sido deshidratado, cuando estaba sangrando, a punto de morir, en Su estado final y de debilidad, derrota todos los poderes de las tinieblas. El poder de Satanás sobre los hijos de Dios radicaba en el pecado que viola la Ley de Dios y condenaba a todo hombre a la muerte.[3] Pero Jesús murió sin pecar, aun en el momento de mayor vulnerabilidad. Pudiéramos decir que el Hijo "fue engrandecido" en la cruz. Ese es nuestro Dios.

La cruz pone de manifiesto Su misericordia. En la cruz siendo clavado, avergonzado, humillado por Sus acusadores, Cristo mira a los hombres que lo acababan de clavar y golpear y dice: "Padre perdónalos porque no saben lo que hacen." En un sentido ellos sabían lo que hacían, ellos estaban crucificando a este hombre que acusaban de hacerse pasar por Dios. En otro sentido, no sabían la dimensión de la gravedad de lo que hacían, porque si lo

---

[3] Sinclair B. Ferguson, "Christus Victor et Propitiator: The Death of Christ, Substitute and Conqueror" en *For the Fame of God's Name*, 171-189.

hubiesen sabido, no lo habrían hecho. De manera que cuando Dios sufre el mayor insulto que la divinidad podía sufrir, Cristo despliega toda Su misericordia y decide perdonar a quienes lo escupieron y traspasaron.

La cruz pone de manifiesto Su gracia. La gracia de Dios es justamente el atributo por medio del cual nosotros recibimos aquello que no merecemos. No merecemos la salvación y la recibimos como un don. Eso es la gracia de Dios. "Siendo justificados gratuitamente por su gracia..." (Rom. 3:24). En la cruz, Cristo carga con nuestros pecados para que posteriormente pudiéramos recibir Su salvación, Su perdón y Su santidad. Eso es gracia de parte de Dios. En capítulos subsiguientes elaboraremos mucho más acerca de este tema.

La cruz pone de manifiesto el amor de Dios. Prestemos atención a lo que Juan dice en su primera carta: "En esto consiste el amor: no en que nosotros hayamos amado a Dios, sino en que Él nos amó a nosotros y envió a su Hijo *como* propiciación por nuestros pecados" (4:10). Ninguno de nosotros amó a Dios primero, ninguno. El grado de amor que tenemos por Dios es algo que Dios mismo ha cultivado en nosotros. Si Dios no nos ama primero, si no nos enseña Su amor primero, si no continúa enseñándonos Su amor día a día en forma permanente, no amaríamos a Dios.

Dios tomó un instrumento de maldición y lo convirtió en un instrumento de gloria. Por eso Cristo se refiere a la cruz indicando que esa era la hora de Su glorificación, porque en ese momento derrotaría todos los poderes de las tinieblas y haría la salvación posible a los hombres para la gloria del Padre.

Todo lo anterior nos ayuda a entender mejor lo que Dios ha hecho por nosotros, y luego podremos apreciar mucho más la dádiva de Su misericordia al ver la corrupción moral tan profunda que se apoderó del hombre después de la caída de Adán.

LA INHABILIDAD DEL HOMBRE

Cuando hablamos de la inhabilidad del hombre, nos referimos a la incapacidad que tiene el ser humano de buscar a Dios y de encontrar en Él salvación. Dicho de otra forma, el hombre tiene una inclinación innata y natural hacia el pecado que hace que él no quiera buscar a Dios porque la idea misma de ese Dios no le es atractiva y en algunos casos le es, incluso, repulsiva. Es lo que otros han llamado la doctrina de la depravación total. Quizás este último título no comunique tan bien lo que esta doctrina enseña. En esencia lo que la doctrina afirma es que la corrupción moral y espiritual que el hombre experimentó con la caída de Adán lo inhabilitó para experimentar el deseo de buscar a Dios porque su inclinación por el pecado es más poderosa. Los que prefieren el término de depravación total hablan de que todas las facultades del hombre (su razón, sus emociones, su voluntad) quedaron tan afectadas por las consecuencias del pecado, que en esa condición, al hombre se le imposibilita ir en busca de Su Dios.

Esta verdad debe ser explorada bíblicamente más que históricamente, aunque reconocemos cuánto podemos ser edificados al explorar la teología histórica de nuestra fe. Por eso nuestro esfuerzo será concentrado en el veredicto de la Palabra, más que en las opiniones de teólogos, sin desmeritar sus logros y profundas enseñanzas. Su legado es incalculable.

El inicio de la controversia

La primera controversia en torno a la corrupción moral del hombre empezó con Agustín de Hipona, conocido en la iglesia católica como San Agustín. Muchos lo consideran el más prestigioso teólogo en toda la historia llegando a influenciar mucho en el pensamiento de grandes teólogos, como Juan Calvino y Martín Lutero. En su época, lo que Agustín hizo fue defender la fe en contra de las enseñanzas de un monje llamado Pelagio. Este monje llegó a conclusiones no bíblicas que necesitaron ser rebatidas. Pelagio enseñó que el hombre no hereda el pecado de Adán y que por tanto el pecador es condenado solamente por su propio pecado y no porque haya heredado una naturaleza pecadora de sus progenitores. El problema es que la Biblia de manera multiforme expresa todo lo contrario. De esa misma manera, Pelagio entendía que nosotros tenemos libre albedrío y que por tanto la voluntad del hombre, aún antes de este ser regenerado, es libre de poder elegir a Dios. La Biblia afirma todo lo opuesto: ni la voluntad es libre como veremos más adelante, ni el hombre es capaz de buscar a Dios como también exploraremos en este libro. Nuestros primeros padres, Adán y Eva, tuvieron una voluntad libre que desafortunadamente ellos esclavizaron al pecado al desobedecer. Agustín batalló en contra de las enseñanzas de Pelagio hasta el punto que la iglesia de entonces (siglo V) consideró a Pelagio como un hereje. Agustín declaró que la Biblia es clara en que nosotros heredamos el pecado de Adán y Eva, con una naturaleza pecadora. Además enseñó que el hombre por sí mismo no tiene el poder para obedecer la ley o creer en el evangelio. La doctrina del Pelagianismo fue rechazada en el Sínodo de Orange en el año 529.

Más adelante, Jacobo Arminio (1560-1609), enseñó que la voluntad del hombre no era esclava del pecado y que por tanto, el hombre caído no había perdido su capacidad de buscar a Dios. Un año después de la muerte de Arminio, sus seguidores protestaron ante el estado de Holanda tratando de cambiar la posición de la iglesia oficial de aquella nación que se había alineado con la posición de Juan Calvino en cuanto a la doctrina de la salvación.[4] Los seguidores de Jacobo Arminio elaboraron cinco puntos doctrinales contrarios a los que Juan Calvino y sus seguidores habían enseñado hasta ese momento. Estos puntos son contrastados en el cuadro que aparece más abajo; pero creo que la esencia de la diferencia radica, en primer lugar, en cómo entiende cada sistema teológico los efectos de la caída. Para los que seguimos las doctrinas de la gracia, la caída del hombre fue tan radical que esclavizó la voluntad al pecado como la Biblia enseña; pero para los arminianos, la voluntad del hombre quedó afectada, pero no hasta el punto de imposibilitarla de buscar de Dios. Los otros cuatro puntos de la teología que ambos sistemas definen

---

[4] David N. Steele, Curtis C. Thomas y S. Lance Quinn, *The Five Points of Calvinism*, 2.ª ed. (Phillipsburg, NJ: P&R Publishing, 2004), 1-15.

se desprenden de este entendimiento y por eso estamos dedicando el resto de este capítulo a esta doctrina: la inhabilidad del hombre.

A diferencia de Pelagio, Arminio no enseñó que el hombre no heredaba el pecado de Adán. Pero sí afirmó que cuando el hombre heredó esa naturaleza pecadora no quedó con su voluntad atada al pecado, sino simplemente influenciada por ese pecado. Por tanto, su doctrina afirma que el hombre quedó con una voluntad libre para escoger a Dios. Esa es la razón por la que algunos han llamado a la posición arminiana semi-pelagianismo, que es la posición de la iglesia de Roma también.

En esencia, todos los cristianos pueden ser catalogados en una de las dos columnas de más abajo con relación a la doctrina de la salvación, independientemente de que alguien conozca o no la terminología teológica.

ARMINIANISMO	CALVINISMO
Libre albedrío	Depravación total: voluntad esclavizada al pecado
Elección condicional: Dios predestina a los que van a elegirlo en un futuro	Elección incondicional: Dios elige al hombre por su inhabilidad
Expiación universal: Jesús muere por toda la humanidad	Expiación limitada: Jesús muere por Sus elegidos
La gracia de Dios puede ser resistida	Gracia irresistible
Perdición después de creer: posible	Perseverancia de los santos: la salvación no se pierde

La importancia de la doctrina de la inhabilidad del hombre

Martin Murphy, al hablar de esta doctrina comentó: "La depravación total tiene un lugar prominente en la historia de la iglesia protestante. Es necesario recobrar la doctrina para la buena salud de la iglesia."[5] De acuerdo este autor, el no entender esta doctrina correctamente enferma a la iglesia. La razón es que la vuelve centrada en el ser humano, donde este realmente no termina de ver cuán inmerecedor es de la salvación. La Palabra de Dios dice que nadie busca a Dios (Rom. 3:11); absolutamente nadie puede buscarlo, puesto que antes de venir a Cristo, el hombre es un enemigo de Dios y tiene limitaciones serias a nivel de su mente, sentimientos y voluntad.

Como ya hemos mencionado, esta doctrina es también conocida como 'depravación total', lo cual no significa que el ser humano es tan malo como

---

[5] Martin Murphy, "Total Depravity", en *After Darkness Light*, ed. R. C. Sproul Jr. (Phillipsburg, NJ: P&R Publishing, 2003), 13.

puede llegar a ser, sino que todas las facultades del hombre quedaron afectadas después de la caída, tal como habíamos aludido anteriormente. Aun después de la salvación ninguno de nosotros ha llegado a tener un pensamiento completamente puro. No importa cuánto amemos a alguien (esposa, hijos, amigos…) nuestro amor no es puro. Está manchado por el pecado. Esa otra persona a quien amamos llena en nosotros una necesidad de un tipo o de otro y por lo tanto la amamos. Pero cuando Dios ama, ninguno de nosotros llena alguna necesidad en Él y aun así Dios nos ama. Nuestra naturaleza es totalmente contraria a lo que Dios es y aun así Dios nos ama. Ese amor es puro, el nuestro no lo es. Nada es puro en nosotros aun después de la salvación. Eso nos da una idea de cuán profundo fue el daño causado por la caída de Adán.

Los efectos de la caída de Adán

De una manera resumida, a raíz de la caída, el ser humano terminó con una disminución sustantiva de sus facultades:

La mente quedó entenebrecida (2 Cor. 4:4) de tal manera que cuando escucha predicar la verdad de Dios, no la puede entender. El mismo Pablo nos enseña en la primera carta a esta iglesia dónde radica esa incapacidad del hombre al decir que "el hombre natural no acepta las cosas del Espíritu de Dios, porque para él son necedad; y no las puede entender, porque se disciernen espiritualmente" (1 Cor. 2:14). Ese hombre puede entender la gramática, la sintaxis, las palabras y en base a su entendimiento del idioma puede entender la letra del mensaje, pero no el espíritu detrás del mensaje. Solo el ser humano regenerado tiene el Espíritu de Dios y por medio de ese Espíritu puede discernir lo que de otra manera no podría.[6]

El corazón del hombre caído pasó a ser un corazón endurecido; que Dios llama 'de piedra' a través del profeta (Ezeq. 11:19). Por tanto, ese corazón no tiene deseos por las cosas de Dios y mucho menos por Dios mismo. Su voluntad quedó esclavizada al pecado (2 Tim. 2:25-26) hasta el punto que el pecado lo domina.

Todo esto lleva a Pablo a declarar en Gálatas 5:17: "Porque el deseo de la carne es contra el Espíritu, y el *del* Espíritu *es* contra la carne, pues éstos se oponen el uno al otro, de manera que no podéis hacer lo que deseáis". Esta última frase, "no podéis hacer lo que deseáis", es muy reveladora del problema; por ese motivo Pablo exclama:

Porque lo que hago, no lo entiendo; porque no practico lo que quiero hacer, *sino que lo que aborrezco, eso hago. Y si lo que no quiero* hacer, *eso hago, estoy de acuerdo con la ley,* reconociendo *que es buena. Así*

---

[6] Robert H. Gundry, *Commentary on The New Testament* (Peabody, MA: Hendrickson Publishers, 2010), 637.

que ya no soy yo el que lo hace, sino el pecado que habita en mí. Porque
yo sé que en mí, es decir, en mi carne, no habita nada bueno; porque el
querer está presente en mí, pero el hacer el bien, no. (Rom. 7:15-18).

Y esta lucha descrita por Pablo ocurre aún después de haber nacido de nuevo. La carne luchará por lo que quiere hasta el día que muera. La carne no es redimible antes de la muerte; posteriormente, en la resurrección, tendremos cuerpos glorificados; pero por ahora lo único que podemos hacer con nuestros deseos pecaminosos es disciplinarlos. De ahí que Pablo, nuevamente, nos dice al correr la carrera cristiana: "golpeo mi cuerpo y lo hago mi esclavo" (1 Cor. 9:27).

David atestigua en el Salmo 51:5 que el efecto de la caída nos afecta desde el momento de concepción: "He aquí, yo nací en iniquidad, y en pecado me concibió mi madre". Nosotros somos pecadores desde antes de nacer, algo que el salmista afirma en el Salmo 58:3: "Desde la matriz están desviados los impíos; desde su nacimiento se descarrían los que hablan mentiras". Desde la matriz.[7] No necesitamos hacer nada para pecar; somos concebidos como personas pecadoras y de esa forma podemos decir que no somos pecadores porque pecamos, sino que pecamos porque somos pecadores.[8] No nos percatamos de esta terrible realidad que caracteriza nuestro interior porque "Más engañoso que todo, es el corazón, y sin remedio; ¿quién lo comprenderá?" (Jer. 17:9).

La evidencia de la depravación total del hombre

Si vemos la historia bíblica poco después de la caída, la condición moral del ser humano comenzó a deteriorarse rápidamente hasta el punto de que antes del diluvio la práctica del pecado era el estilo de vida de los hombres: "Y el Señor vio que era mucha la maldad de los hombres en la tierra, y que **toda** intención de los pensamientos de su corazón era **solo** *hacer* **siempre** el mal" (Gén. 6:5, énfasis agregado). El hombre llegó a esa condición sin la presencia de Internet, ni de páginas pornográficas, sin drogas y sin nada de lo que normalmente consideramos los hábitos que han dañado la sociedad de hoy en día. Esas condiciones fueron las que hicieron que Dios juzgara la humanidad y que trajera un diluvio.

Quizás el mejor pasaje para describir la depravación total del hombre es el que aparece en Romanos 1 a partir del versículo 21 hasta el final del capítulo:

Pues aunque conocían a Dios, no le honraron como a Dios ni le
dieron gracias, sino que se hicieron vanos en sus razonamientos y su
necio corazón fue entenebrecido. Profesando ser sabios, se volvieron
necios, y cambiaron la gloria del Dios incorruptible por una imagen

---

[7] Herman Bavinck, *Reformed Dogmatics, Vol. 3*, ed. John Bolt, trans. John Vriend (Grand Rapids, MI: Baker Academics, 2006), 80.
[8] Sinclair B. Ferguson, *By Grace Alone: How the Grace of God Amazes Me* (Lake Mary, FL: Reformation Trust Publishing, 2010), 3.

en forma de hombre corruptible, de aves, de cuadrúpedos y de repti-
les. Por consiguiente, Dios los entregó a la impureza en la lujuria de
sus corazones, de modo que deshonraron entre sí sus propios cuer-
pos; porque cambiaron la verdad de Dios por la mentira, y adoraron
y sirvieron a la criatura en lugar del Creador, quien es bendito por
los siglos. Amén. Por esta razón Dios los entregó a pasiones degra-
dantes; porque sus mujeres cambiaron la función natural por la que
es contra la naturaleza; y de la misma manera también los hombres,
abandonando el uso natural de la mujer, se encendieron en su lu-
juria unos con otros, cometiendo hechos vergonzosos hombres con
hombres, y recibiendo en sí mismos el castigo correspondiente a su
extravío. Y como ellos no tuvieron a bien reconocer a Dios, Dios los
entregó a una mente depravada, para que hicieran las cosas que no
convienen; estando llenos de toda injusticia, maldad, avaricia y mali-
cia; colmados de envidia, homicidios, pleitos, engaños y malignidad;
son chismosos, detractores, aborrecedores de Dios, insolentes, sober-
bios, jactanciosos, inventores de lo malo, desobedientes a los padres,
sin entendimiento, indignos de confianza, sin amor, despiadados; los
cuales, aunque conocen el decreto de Dios que los que practican tales
cosas son dignos de muerte, no sólo las hacen, sino que también dan
su aprobación a los que las practican.

De acuerdo a este pasaje, todo comenzó cuando el hombre cambió la verdad de Dios por la mentira; eso lo llevó a la idolatría (v. 25). La aceptación de la mentira en lugar de la verdad llevó a los hombres a cambiar la imagen incorruptible de Dios por imágenes de animales (v. 23). Su degradación moral fue tan grande que Dios los entregó a sus propias pasiones y les permitió tener los deseos de su corazón. Tres veces dice el pasaje que Dios los entregó (vv. 24, 26 y 28). La espiral descendente del pecado no tiene fin. El hombre puede llegar y ha llegado al extremo de practicar la sexualidad con animales. En cierta medida, no debería sorprendernos ya que esto no es más que el resultado de la oscuridad de la mente, del endurecimiento del corazón, de la cauterización de la conciencia y de la esclavitud de la voluntad.

La inhabilidad del hombre para buscar a Dios

Como hemos señalado, la *inhabilidad total* significa que el hombre es completamente incapaz de elegir a Dios. Y esa inhabilidad se debe precisamente al impacto del pecado en Adán y Eva. El movimiento de la Reforma a su vez enfatizó que el pecado original no es solo la pérdida, sino que simultáneamente es una corrupción total de la naturaleza humana.[9]

Aquellos que entienden que la caída de Adán no afectó tan radicalmente al hombre como para inhabilitarlo, creo que no han entendido bien ciertos

---

[9] Bavinck, *Reformed Dogmatics*, 98.

pasajes de las Escrituras que hemos venido analizando, y en especial, pasajes como el que sigue donde claramente Dios descalifica al hombre como alguien que va tras Dios en su búsqueda: "…[C]omo está escrito: NO HAY JUSTO, NI AUN UNO; NO HAY QUIEN ENTIENDA, NO HAY QUIEN BUSQUE A DIOS; TODOS SE HAN DESVIADO, A UNA SE HICIERON INÚTILES; NO HAY QUIEN HAGA LO BUENO, NO HAY NI SIQUIERA UNO". Pablo estaba citando el Antiguo Testamento (Sal. 14:1-3 y 53:1-3). En ocasiones hemos oído a alguien decir que su amigo o familiar está buscando a Dios, pero si pudiéramos ver la vida de esa persona desde arriba veríamos cómo realmente es Dios quien está orquestando circunstancias alrededor de dicha persona para atraerlo a Su presencia. Por eso dice Jeremías: "Desde lejos el SEÑOR se le apareció, *diciendo*: Con amor eterno te he amado, por eso te he atraído con misericordia" (31:3).

Es como los padres que juegan con sus niños en el Día de la Resurrección que en inglés llaman *Easter Sunday*. Los padres esconden los huevos alrededor de la casa y piden a sus niños más pequeños que los encuentren. Pero cuando estos niños son muy pequeñitos, los padres van acompañándolos para que los encuentren. El niño muchas veces luce completamente perdido y la mamá lo va llevando de la mano y lo va guiando hasta encontrar los huevos. El niño en su inocencia toma cada huevo y cree que lo encontró él pero fue la mamá quien lo guió. Así es Dios con las circunstancias de la vida. Dios nos va guiando por medio de ellas para encontrarnos con Él y terminamos creyendo que nosotros lo encontramos.

En la parábola de las cien ovejas (Luc. 15), el pastor es quien sale a buscar a la oveja perdida y no al revés. La doctrina de la inhabilidad del hombre aparece hasta en esa parábola; pero no la creemos. Y estimo que en algunos casos como lo fue el mío, en algún momento, no nos interesa creer esa verdad porque queremos algo de crédito. Sin embargo, en múltiples pasajes y de múltiples maneras, Dios ha revelado por qué el hombre es incapaz de buscarlo. Pablo escribe a Timoteo y nos trae luz en cuanto a esto: "Corrigiendo tiernamente a los que se oponen, por si acaso Dios les da el arrepentimiento que conduce al pleno conocimiento de la verdad, y volviendo en sí, *escapen* del lazo del diablo, habiendo estado cautivos de él para *hacer* su voluntad" (2 Tim. 2:25-26). El hombre tiene su naturaleza atada al pecado.

Una ilustración que escuché una vez del pastor Steve Brown y que he usado en algunas ocasiones es de alguien que compró un gallinero para convertirlo en un estudio. Y dice la persona que hizo la compra que ellos lo limpiaron extremadamente bien y que incluso usaron vapor. Luego lo pintaron, pero el dueño de lo que antes había sido un gallinero y que ahora estaba transformado señalaba que en un mal día de lluvia todavía se podía descubrir qué había sido antes ese lugar, por el olor que despedía. Entonces decía el pastor Brown que con el pagano sucede lo mismo. El Señor lo lava con la sangre de Cristo pero en un mal día, uno todavía puede saber de dónde Dios lo sacó. Nosotros intermitentemente en un mal día hemos dejado ver de dónde salimos. Lo que nos salva es que Dios en Su gracia nos da muchos buenos días, pero en un mal día todavía lo podemos ver.

Nuestra voluntad no se mueve hacia Dios, porque nuestra mente no se lo permite según lo que la carta a los Romanos nos enseña en 8:7: "ya que la mente puesta en la carne es enemiga de Dios, porque no se sujeta a la ley de Dios, pues **ni siquiera puede** *hacerlo*" (énfasis agregado). La mente del hombre incrédulo no se sujeta a la ley de Dios por su rebelión, pero además, tiene una incapacidad para hacerlo, le es imposible, por eso es que no puede obedecer la ley de Dios.[10] No tiene el deseo pero tampoco puede. Para comenzar, como ya vimos en 1 Corintios 2:14, el hombre no entiende las cosas de Dios de forma natural, pues estas se disciernen espiritualmente. Lo dice Pablo en Romanos, pero Cristo lo revela cuando señala que si el Hijo nos libera seremos realmente libres (Juan 8:36). Ese hombre se creía verdaderamente libre pero no lo era. Hasta que el Hijo del Hombre no te hace libre seguirás siendo esclavo del pecado. Esa sola enseñanza sobre lo que le ocurrió a la voluntad del hombre cuando Adán cayó es la clave para entender el resto de la teología. Si yo no entiendo o no acepto este veredicto, el resto de las enseñanzas relacionadas a las doctrinas de la gracia me serán difíciles de entender.

Algo esencial para nuestro entendimiento doctrinal es conocer que cuando Adán cayó, él no solo enfermó su alma, sino que Adán y Eva murieron espiritualmente y ese estado de mortandad es lo que causa su inhabilidad para buscar a Dios. En ese sentido, quizás ningún otro pasaje sea tan claro como este que aparece en la carta a Efesios:

> Y Él os dio *vida a vosotros, que estabais muertos en vuestros delitos y pecados, en los cuales anduvisteis en otro tiempo según la corriente de este mundo, conforme al príncipe de la potestad del aire, el espíritu que ahora opera en los hijos de desobediencia, entre los cuales también todos nosotros en otro tiempo vivíamos en las pasiones de nuestra carne, satisfaciendo los deseos de la carne y de la mente, y éramos por naturaleza hijos de ira, lo mismo que los demás. (Ef. 2:1-3).*

Dios nos dio vida porque estábamos muertos. Ningún muerto entiende o ve. Cuando Cristo le dice a Lázaro: 'Lázaro sal fuera', para que Lázaro oyera el mandato de salir, Lázaro primero tenía que volver a la vida; tenía que resucitar. De esa misma manera, el hombre que entiende el evangelio, es porque primero Cristo lo ha despertado; de otro modo, él no lo podría entender porque está muerto y por tanto no tiene entendimiento. Las cosas del Espíritu se disciernen espiritualmente; antes de volver a la vida, en su estado de muerte, él no tiene el Espíritu. Después de que lo despiertan, recibe convicción de pecado y se le otorga el arrepentimiento. Pero una vez que está vivo, su pecado le molesta y el Espíritu que vino a morar en él lo acusa de su pecado para que quiera clamar por el perdón encontrado en la sangre de Cristo. De manera que podemos entender mejor cómo ocurre la

---

[10] James White, "Man's Inability", en *Debating Calvinism* por David Hunt y James White (Colorado Springs, CO: Multnomah Books, 2004), 67-68.

salvación. Sin embargo, en este capítulo queríamos básicamente cubrir de qué manera la voluntad del hombre fue afectada con tal magnitud al momento que Adán cayó y cómo el hombre quedó inhabilitado por completo de poder elegir a Dios.

Reflexión final

Es difícil para la criatura definirse a sí misma como totalmente depravada; pero si por depravación total entendemos que significa que todas las facultades del hombre han quedado manchadas por el pecado, entonces no creo que sea tan complejo llegar a esa conclusión. Por otro lado, esta doctrina ha sido llamada "la inhabilidad del hombre" para referirnos a la incapacidad del hombre caído de poder desear y buscar a Dios hasta someterse a Él. A nuestro juicio no entendemos por qué es tan difícil ver la realidad de esta verdad no solo a la luz de todos los pasajes compartidos en este capítulo, sino también al pasar revista a dos eventos conocidos en la historia bíblica:

1. Lucifer fue creado sin naturaleza pecadora y habitó en medio de ángeles, arcángeles, serafines, querubines y en la presencia de Dios sin ninguna contaminación o corrupción alrededor. Ese ser así de exaltado no supo mantener su posición y pecó dejando de amar a Su creador y de someterse a Dios de manera permanente.
2. Adán y Eva fueron creados a imagen y semejanza de Dios. A ellos se les entregó todo el planeta para que lo sojuzgaran y lo sometieran. Ellos serían los 'gobernantes' del planeta bajo el Señorío de Cristo. De acuerdo a lo revelado, Dios les hizo una sola prohibición: no comer la fruta de un solo árbol; pero podían tener todo el resto del planeta. Una vez más, habitaban en medio de un huerto no corrompido y sin pecado alrededor, pero dejaron de creerle a Dios y se fueron tras un impulso pecaminoso que se originó en su interior.

¿Has pensado alguna vez en cuál sería la posibilidad de que nosotros con una naturaleza pecadora y en medio de una generación perversa y torcida podamos vencer la fuerza del pecado en nuestro interior y las fuerzas hoy prevalentes en el exterior? Si Lucifer, Adán y Eva no pudieron hacerlo gozando de mejores condiciones en su mundo interior y exterior, mucho menos podremos nosotros. Adán fue nuestro mejor representante de la raza humana y aún así falló.[11]

Bien dice Dios a través de Jeremías: "¿Puede el etíope mudar su piel, o el leopardo sus manchas? Así vosotros, ¿podréis hacer el bien estando acostumbrados a hacer el mal?" (13:23). Al igual que el leopardo que no puede quitarse sus propias manchas, el hombre natural tampoco, quien está acostumbrado a hacer el mal desde su nacimiento.

---

[11] Loraine Boettner, *La Predestinación* (Grand Rapids, MI: Libros Desafío, 1983), 64-65.

Luego de ver en detalle cuán profunda fue la corrupción de la imagen de Dios en el hombre, creo que no sería difícil ver nuestra elección de parte de Dios como algo completamente inmerecido. Y ese es el tema de nuestro próximo capítulo.

3

Elección inmerecida

"Bendito *sea* el Dios y Padre de nuestro Señor
Jesucristo, que nos ha bendecido con toda
bendición espiritual en los *lugares* celestiales
en Cristo, **según nos escogió en El antes de
la fundación del mundo**, para que fuéramos
santos y sin mancha delante de El. En amor **nos
predestinó** para adopción como hijos para sí
mediante Jesucristo, **conforme al beneplácito
de su voluntad**, para alabanza de la gloria de
su gracia que gratuitamente ha impartido sobre
nosotros en el Amado. En El tenemos redención
mediante su sangre, el perdón de nuestros
pecados **según las riquezas de su gracia**".

Efesios 1: 3-7 (Énfasis agregado)

INTRODUCCIÓN

La "elección inmerecida" es una doctrina bíblica establecida a partir de
aquellos pasajes de la revelación de Dios que muestran que, desde la
eternidad pasada, Dios hizo una elección de un grupo de personas, las cuales Él predestinó para salvación. Dicha predestinación estuvo basada en
el consejo sabio, justo, santo y misericordioso de Dios exclusivamente,
sin ninguna consideración de alguna cualidad en el hombre que lo hiciera
merecedor de tal bendición; de ahí el nombre de "elección *inmerecida*" o
"elección incondicional". La evidencia bíblica es abrumadora de que en
el hombre no hay condición alguna que lo haga merecer salvación. Otros,
llamados arminianos, entienden que esta elección es hecha por el hombre,
quien elige a Dios para salvación. Ellos entienden que Dios en Su omnisciencia, vio la elección que cada hombre haría en el futuro y eligió en la
eternidad pasada a aquellos que finalmente harían una elección por Él. Uno
de los principales postulantes de este tipo de entendimiento fue Jacobo
Arminio, quien junto a sus seguidores (arminianos) postularon principios

teológicos opuestos a los postulados por los Reformadores y en especial por Juan Calvino.[1]

Reconocemos la importancia de conocer la historia detrás de las diferentes posturas doctrinales, pero en realidad, lo más saludable y bíblico no es comenzar preguntándonos qué dijo este teólogo o aquel otro; sino escudriñar las Escrituras para ver qué es ciertamente lo que Dios ha revelado. Si lo que enseñamos en este libro o desde el púlpito o en un aula de clase no puede ser sustentado por la Biblia, entonces aquellos que leen o escuchan no deben aceptar nuestras enseñanzas o las enseñanzas de otros maestros. Recordemos el principio de *Sola Escritura*; la Palabra de Dios siempre tendrá el veredicto final, porque solamente ella contiene la revelación perfecta, inerrante e infalible de nuestro Dios.

POSIBLES OPCIONES CON RELACIÓN AL PLAN DE SALVACIÓN

Cuando Dios se propuso salvar al hombre después que Adán y Eva perdieron su posición delante de Él, tenía varias opciones con relación a la salvación de la humanidad:

1. **Salvar a toda la humanidad (Universalismo).** Dios tenía el derecho y el poder de hacer esto pero, ¿revela la Biblia que Dios salvará a la humanidad entera? ¡No! Por lo que debemos descartar esta opción. El universalismo enseña que al final de los tiempos, Dios salvará a cada ser humano.[2] Es una doctrina "arraigada" en el aire porque en ninguna porción de la Palabra de Dios aparece algo semejante.

2. **Condenar a toda la humanidad.** Después del pecado de Adán y Eva todos sus descendientes irían a la condenación a menos que Dios decidiera hacer algo en favor del hombre. ¿Revela la Biblia que Dios va a condenar a todo el mundo al infierno? ¡No! De la misma manera debemos descartar esta opción.

3. **Ofrecer la salvación sin garantías.** Dejar que el hombre escoja su camino, lo cual implica que habría posibilidad de que nadie lo escogiera, sobre todo si recordamos que Adán y Eva sin una naturaleza pecadora y sin un mundo corrompido fueron incapaces de elegir a Dios. Hasta ahora, esa parece ser una opción, poco probable, pero posible en nuestro desarrollo del tema.

4. **Garantizar Él, la salvación de un grupo.** Garantizar Dios, la salvación de un grupo de personas, aunque no garantizara la salvación de todos. Esta es otra opción posible.

De las cuatro opciones presentadas, solo dos parecen ser posibles. Para poder discernir correctamente cuál de ambas posibilidades es lo que Dios ha decidido hacer debemos contestar la siguiente pregunta:

---

[1] David N. Steele, Curtis C. Thomas y S. Lance Quinn, *The Five Points of Calvinism* (Phillipsburg, NJ: P&R Publishing, 1963), 1-15.
[2] Norman L. Geisler, *Baker Encyclopedia of Christian Apologetics* (Grand Rapids, MI: Baker Books, 1999), 746-50.

¿Qué ha revelado Dios en la Biblia?

La Palabra de Dios revela que Él siempre ha escogido a los suyos de una manera soberana que depende exclusivamente de Su voluntad. A continuación detallamos una serie de escenarios claramente plasmados en la Biblia donde observamos que Dios hace una elección.

Dios eligió a Abraham

No eligió al padre o al hermano de este, sino a él. ¿Estaba buscando Abraham a Dios cuando Él se le apareció? ¡Claro que no! Abraham estaba adorando dioses paganos del otro lado del Jordán, como todos los demás (Jos. 24:2-3).

Dios eligió a Israel

¿Por qué no elegir a otro pueblo? ¿Por qué no elegir a otra tribu de la antigüedad? ¿Por qué Israel? ¿Porque era mejor o mayor que las demás tribus? ¡No!, Dios revela esto:

> El Señor no puso su amor en vosotros ni os escogió por ser vosotros más numerosos que otro pueblo, pues erais el más pequeño de todos los pueblos; mas porque el Señor os amó y guardó el juramento que hizo a vuestros padres, el Señor os sacó con mano fuerte y os redimió de casa de servidumbre, de la mano de Faraón, rey de Egipto. (Deut. 7:7-8).

Dios eligió a los profetas

Ninguno de los profetas de la antigüedad se acercó a Dios pidiendo ser profeta. Nadie eligió ser profeta. Simplemente Dios les hacía una visitación y un llamado. El profeta Jeremías en el Antiguo Testamento (Jer. 1:5) y el apóstol Pablo en el Nuevo Testamento (Gál. 1:15) dan testimonio de que fueron elegidos para Su ministerio desde antes de nacer.

Dios eligió a los profetas para ir a Israel

Con excepción de Jonás (enviado a los ninivitas)[3], Abdías (enviado a los edomitas)[4] y Nahúm (enviado a los ninivitas)[5], todos los profetas fueron enviados a la nación de Israel, mientras otras naciones estaban sin revelación de Dios. ¿Por qué no enviar a los profetas equitativamente a todas las naciones? ¿Por qué Dios eligió una nación (Israel) y les llamó: "mi pueblo" para luego enviar a la mayoría de los profetas a Su pueblo? Porque Su elección es soberana.

---

[3] Leon J. Wood, *The Prophets of Israel* (Grand Rapids, MI: Baker Books, 1979), 289-90.
[4] Ibíd., 262-63.
[5] Ibíd., 316-17.

Dios eligió a los 12 discípulos

La manera como Jesús formó el grupo de doce hombres aparece revelada en Juan 15:16: "Vosotros no me escogisteis a mí, sino que yo os escogí a vosotros, y os designé para que vayáis y deis fruto, y que vuestro fruto permanezca; para que todo lo que pidáis al Padre en mi nombre os *lo* conceda".

Con esto, Jesús dejó claro que estos hombres se convirtieron en discípulos de una forma distinta a cómo los discípulos se unían a su maestro en la antigüedad. En el pasado los discípulos escogían a un maestro en particular y el día que ellos no quisieran seguir siendo sus discípulos, simplemente podían separarse de él como vemos en Juan 6:66: *"Como resultado de esto muchos de sus discípulos se apartaron y ya no andaban con El."* Lo abandonaron porque no les agradó la enseñanza de comer Su carne y beber Su sangre. Jesús se dirige a Sus discípulos y les pregunta: "¿Quieren irse también?" Ellos responden que no tienen otro lugar donde ir, porque solo Él tiene palabras de vida eterna. Lo que los mantuvo junto a Jesús fue la elección que Dios hizo de ellos.[6]

Dios eligió a Juan el Bautista

Juan el Bautista nació lleno del Espíritu Santo (Luc. 1:15). "Otros profetas fueron ungidos con el Espíritu, pero Juan fue el primero lleno del Espíritu desde el vientre de su madre."[7] Parecería que Juan el Bautista fue elegido y aparentemente regenerado desde el vientre de su madre, puesto que alguien no regenerado no puede ser lleno del Espíritu.

Dios eligió a Jacob, por encima de Esaú

Esta historia aparece parcialmente en Romanos 9:13: "Tal como está escrito: A Jacob amé, pero a Esaú aborrecí". Por ahora no diremos más nada, ya que solo estamos exponiendo cómo Dios ha mostrado que Él siempre ha elegido a unos y no a otros por razones que pertenecen al consejo de Su voluntad.

Dios eligió a los gentiles

Dios hace la revelación de Su elección de los gentiles en varios pasajes y uno de esos es Romanos 10:20-21: "E Isaías es muy osado, y dice: Fui hallado por los que no me buscaban; me manifesté a los que no preguntaban por mí. Pero en cuanto a Israel, dice: Todo el día he extendido mis manos a un pueblo desobediente y rebelde". Dios se dejó encontrar por gente que no lo buscaba.

---

[6] Robert H. Mounce, "John", en *The Expositor's Bible Commentary, Vol. 10,* ed. rev., eds., Tremper Longman III y David E. Garland (Grand Rapids, MI: Zondervan, 2007), 578.

[7] Philip Graham Ryken, *Luke, Vol. 1*, Reformed Expository Commentary, eds. Richard D. Phillips y Philip Graham Ryken (Phillipsburg, NJ: P&R Publishing, 2009), 22.

Dios eligió ángeles

No tenemos detalles de cómo Dios hizo la elección de ciertos ángeles y no de otros, pero tenemos una pequeña revelación de que esto ocurrió así, según vemos en 1 Timoteo 5:21:

> *Te encargo solemnemente en la presencia de Dios y de Cristo Jesús y de* sus ***ángeles escogidos,*** *que conserves estos* principios *sin prejuicios, no haciendo nada con* espíritu *de parcialidad. (Énfasis agregado).*

¿Qué ha hecho Dios?, fue nuestra pregunta inicial y la respuesta es 'elegir soberanamente conforme a Su plan soberano'. Lo que Dios declara de manera abierta, el hombre trata de excusarlo, de explicarlo tratando de remover la culpa que otros quieren colocar sobre Dios. Pero Dios no necesita que lo excusemos porque cada decisión soberana ha sido guiada por Su consejo sabio y santo. Dios dice en Isaías 65:1:

> *Me dejé buscar por los que no preguntaban por mí; me dejé hallar por los que no me buscaban. Dije: "Heme aquí, heme aquí", a una nación que no invocaba mi nombre.*

Dios se hizo hallar por una nación que ni siquiera tenía interés en invocar Su nombre.

SALVACIÓN INMERECIDA

La Palabra de Dios revela de múltiples maneras que la elección para salvación es inmerecida.[8] No es algo que podemos ganarnos, no es algo que podemos merecer, no se recibe por tener algo mejor que las demás personas. No hay nada en la historia, ni antes, ni después de ser salvo que haga al hombre merecer salvación, como bien lo explica Pablo en Efesios 2:8-9: "Porque por gracia habéis sido salvados por medio de la fe, y esto no de vosotros, *sino que es* don de Dios; no por obras, para que nadie se gloríe".

"Por **gracia** habéis sido salvados". Si no entendemos la palabra gracia, empezamos con un problema, porque gracia es algo que recibimos sin mérito alguno.

"Por medio de la **fe**". Entonces, ¿contribuí con mi fe? No, observa: "***esto no de vosotros***". Pero, ¿podríamos decir que yo ejercité la fe? Ciertamente, pero esto "***es don de Dios***". Ejercitaste la fe después que Dios te la otorgó: "**no por obras, para que nadie se gloríe***".

Nuestro orgullo nos dificulta creer estas verdades. No somos dignos de recibir la salvación y Dios lo manifiesta en numerosos pasajes de la Biblia:

> Romanos 3:12: *TODOS SE HAN DESVIADO, A UNA SE HICIERON INÚTILES; NO HAY QUIEN HAGA LO BUENO, NO HAY NI SIQUIERA UNO.*

---

[8] Loraine Boettner, *La Predestinación* (Grand Rapids, MI: Libros Desafío, 1968), 76–84.

Romanos 5:10: *Porque si cuando éramos enemigos fuimos reconciliados con Dios por la muerte de su Hijo, mucho más, habiendo sido reconciliados, seremos salvos por su vida.*

Salmo 116:11: *Dije alarmado: Todo hombre es mentiroso.*

Apocalipsis 5:2-4: *Y vi a un ángel poderoso que pregonaba a gran voz: ¿Quién es digno de abrir el libro y de desatar sus sellos? Y nadie, ni en el cielo ni en la tierra ni debajo de la tierra, podía abrir el libro ni mirar su contenido. Y yo lloraba mucho, porque **nadie había sido hallado digno** de abrir el libro ni de mirar su contenido. (Énfasis agregado).*

Juan se angustia porque nadie ha sido hallado digno en toda la tierra y el cielo hasta que un ángel le hace ver que el León de la tribu de Judá es el único que ha sido hallado digno, y nadie más (Apoc. 5:5).

¿QUÉ MÁS HA REVELADO DIOS ACERCA DE LA SALVACIÓN?

El pasaje de Romanos 8:29-30 es bastante específico sobre cómo ocurrió este proceso de predestinación y salvación:

*Porque a los que de antemano **conoció**, también los **predestinó** a ser hechos conforme a la imagen de su Hijo, para que El sea el primogénito entre muchos hermanos; y a los que predestinó, a ésos también llamó; y a los que **llamó**, a ésos también **justificó**; y a los que justificó, a ésos también **glorificó**. (Énfasis agregado).*

Palabras claves en este pasaje:

Conocer: (*progynosko*, en griego) significa conocer de antemano con la idea de orquestar de manera intencional.
Predestinar: literalmente (en griego) significa marcar un límite de antemano. Orquestar providencialmente y eficazmente. La Biblia usa de manera repetitiva la palabra "predestinar".
Llamar: significa atraer con efectividad; gracia irresistible.
Justificar: significa declarar justo.
Glorificar: es la redención final. "Habla de Dios quien ve el fin desde el principio y en cuyo decreto y propósito todos los futuros eventos están contenidos y fijos (Hodge)."[9]

- ¿A quién glorificó? A los que justificó
- ¿A quién justificó? A los que llamó

---

[9] Cleon Rogers, Jr. y Cleon Rogers III, *The Linguistic and Exegetical Key to the Greek New Testament* (Grand Rapids, MI: Zondervan Publishing House, 1998), 332.

- ¿A quién llamó? A los que predestinó
- ¿A quién predestinó? A los que conoció

Lo que vemos en estas palabras como en etapas, Dios lo vio como un solo evento desde la eternidad pasada.

¿Cuándo ocurrió nuestra salvación?

Efesios 1:4 tiene la respuesta: "según nos escogió en El **antes de la fundación del mundo**, para que fuéramos santos y sin mancha delante de El..." (Énfasis agregado).

Si Dios nos eligió antes de la fundación del mundo, ¿qué rol jugamos nosotros? No existíamos, ni nuestros padres, ni ninguno de nuestros antecesores. Él nos escogió.

¿Quién hizo la elección?

La elección la hizo Dios, y ocurrió antes de la existencia de todo ser humano; en la eternidad pasada (Ef. 1).

¿POR QUÉ DIOS TIENE QUE ELEGIR?

El hombre no puede elegir a Dios porque en la condición de su propio corazón:

1. No busca a Dios (Rom. 3:11).
2. Tiene la voluntad esclavizada al diablo (2 Tim. 2:25-26).

La razón por la que nadie busca a Dios es porque la mente y la voluntad del hombre están esclavizadas al pecado. Pablo señala: el querer está en mí pero no el hacerlo (Rom. 7:18). Dependemos del Espíritu de Dios.

Un niño de 2 años puede tener hambre, el querer el alimento está en él, pero es decisión de los padres cocinar la comida y dársela. Si Dios no viene a nosotros y pone en nosotros tanto el querer como el hacer (Fil. 2:13), todavía estaríamos perdidos en el mundo. Una simple mirada a estos pasajes despejará toda duda:

2 Timoteo 2:26: "y volviendo en sí, *escapen* del lazo del diablo, habiendo estado cautivos de él para *hacer* su voluntad".

Romanos 7:14: "Porque sabemos que la ley es espiritual, pero yo soy carnal, vendido a la esclavitud del pecado".

Romanos 7:18: "Porque yo sé que en mí, es decir, en mi carne, no habita nada bueno; porque el querer está presente en mí, pero el hacer el bien, no".

Pablo, el apóstol, dice: en mi carne no hay nada bueno; mi carne "pudiera" desear el bien, pero no lo hace. Cristo lo dijo de otra manera: "El espíritu está dispuesto, pero la carne es débil" (Mat. 26:41). Deseamos cosas pero no las podemos hacer. También Pablo dice: quiero hacer el bien, pero termino haciendo el mal que no quiero (Rom. 7:19-23). Muchas veces no queremos hacer algo, pero terminamos haciéndolo. Esa lucha es continua entre el deseo de la carne y el del Espíritu. Es una lucha que se da cuando el Espíritu mora en nuestro interior. Algunos no luchan tanto porque el Espíritu no está en ellos. Nota cuán profunda es la esclavitud del hombre al pecado antes de venir a Cristo: "Ya que la mente puesta en la carne es enemiga de Dios, porque no se sujeta a la ley de Dios, pues ni siquiera puede hacerlo" (Rom. 8:7).

No es simplemente que la mente del hombre es rebelde y no quiere someterse. Es que no puede someterse a la ley de Dios y no puede agradar a nuestro Dios.[10] Si Dios no hace algo, la mente del hombre es incapaz de elegir a Dios porque está entenebrecida (2 Cor. 4:4), en oscuridad y con una voluntad esclavizada. La combinación de una mente oscura y esclavizada le imposibilita ver la verdad de Dios. El ciego no puede ver lo que está claro delante de sus ojos, porque le es imposible. Es la razón por la que la mente no puede someterse. El salmista expresa esta gran verdad:

> *La transgresión habla al impío dentro de su corazón; no hay temor de Dios delante de sus ojos. Porque en sus propios ojos la* transgresión *le engaña en cuanto a descubrir su iniquidad y aborrecerla* *(Sal. 36:1-2).*

En la Palabra, el impío es todo hombre incrédulo. ¿Qué ocurre con el impío de acuerdo la revelación de Dios? ¿Por qué el impío no puede temer a Dios? Porque en *"sus* propios ojos la transgresión le engaña*"*. Él no puede descubrir su iniquidad y ver el pecado, y como no puede verlo, no puede aborrecerlo; y como no lo aborrece, termina disfrutándolo.[11] La pocilga de los cerdos tiene muy mal olor para el ser humano, pero el cerdo está contento en ese lugar, porque es su hábitat natural. El ser humano nace en pecado, es su hábitat y se remueve en este, al igual que el cerdo. Hasta que Dios, en su elección soberana, lo saca del lodo cenagoso (Sal. 40:2), lo limpia y lo aleja del pecado.

LA ELECCIÓN DE DIOS A TRAVÉS DE TODA LA BIBLIA

En la Palabra de Dios, hay múltiples pasajes, uno tras otro, que nos muestran que en el ejercicio de Su soberanía Dios siempre ha hecho una elección. Dios escogió al pueblo de Israel:

---

[10] Boettner, *La Predestinación*, 63.
[11] James Montgomery Boice, *Psalms*, *Vol. 1* (Grand Rapids, MI: Baker Books, 1994), 309-11.

He aquí, al Señor tu Dios pertenecen los cielos y los cielos de los cielos, la tierra y todo lo que en ella hay. Sin embargo, el Señor se agradó de tus padres, los amó, y escogió a su descendencia después de ellos, es decir, a vosotros, de entre todos los pueblos, como se ve hoy. (Deut. 10:14-15).

Dios dice a Israel: el Señor se agradó de tus padres (Abraham, Isaac, Jacob), los amó y escogió. Tenían otros pueblos a su alrededor, pero Dios escogió a Israel. El salmista lo expresa de una forma hermosa en el Salmo 33:12: "Bienaventurada la nación cuyo Dios es el Señor, el pueblo **que El ha escogido** como herencia para sí". (Énfasis agregado).

En el Nuevo Testamento, Jesús no enseñó de manera diferente, pero muchos no se han detenido a pensar en las implicaciones de estas enseñanzas. Prestemos atención solamente a dos de ellas: "Porque muchos son llamados, pero pocos *son* **escogidos**" (Mat. 22:14, énfasis agregado). Y dos capítulos más adelante leemos acerca de los tiempos finales y aun ahí vemos un lenguaje revelador de la elección soberana de Dios:

*Y si aquellos días no fueran acortados, nadie se salvaría; pero por causa de los **escogidos**, aquellos días serán acortados... Porque se levantarán falsos Cristos y falsos profetas, y mostrarán grandes señales y prodigios, para así engañar, de ser posible, aun a los **escogidos**... Y El enviará a sus ángeles con UNA GRAN TROMPETA y REUNIRÁN a sus **escogidos** de los cuatro vientos, desde un extremo de los cielos hasta el otro. (Mat. 24:22,24,31; énfasis agregado).*

Ciertamente hay una elección que Dios hace. Vemos ese lenguaje o esa verdad revelada desde el libro de Génesis hasta el libro de Apocalipsis: "Y la adorarán [a la bestia] todos los que moran en la tierra, cuyos nombres no han sido escritos, desde la fundación del mundo, en el libro de la vida del Cordero que fue inmolado" (Apoc. 13:8). Por el contrario, Cristo será adorado en el final de los días, por los que sí estaban escritos en el libro de la vida desde antes de la fundación del mundo.

Romanos 9: la elección de Dios en el Antiguo y en el Nuevo Testamento

El autor del Nuevo Testamento que más elabora sobre la doctrina de la elección de Dios fue el apóstol Pablo y lo hace a través de múltiples pasajes, pero de manera especial la encontramos en Romanos 9 donde él habla de la elección de Jacob sobre Esaú:

*Porque cuando aún los mellizos no habían nacido, y no habían hecho nada, ni bueno ni malo, **para que el propósito de Dios conforme a su elección permaneciera**, no por las obras, sino por aquel que llama), se le dijo a ella: EL MAYOR SERVIRÁ AL MENOR. Tal como está* *escrito: A JACOB AMÉ, PERO A ESAÚ ABORRECÍ. (Rom. 9:11-13, énfasis agregado).*

En el Oriente, en la antigüedad, cuando nacían mellizos, el Padre otorgaba la primogenitura conforme al primero que naciera; pero este no fue el caso aquí.[12] Dios decidió invertir ese orden y reveló por qué hizo tal cosa: "para que el propósito de Dios conforme a su elección permaneciera".

A un pastor que creía en la doctrina de la predestinación, le dijeron cierta vez: "No entiendo cómo Dios puede decir que aborreció a Esaú". A lo que el pastor contestó: "Yo lo entiendo perfectamente, lo que no puedo entender es cómo puede decir que amó a Jacob". Algunos atribuyen esta historia a Charles Spurgeon.[13] Dios reveló tempranamente a Moisés Su carácter benevolente, pero también soberano y de cómo Él, en Su soberanía tenía la potestad de extender o no Su misericordia.

> *Y El respondió: Yo haré pasar toda mi bondad delante de ti, y proclamaré el nombre del SEÑOR delante de ti; y tendré misericordia del que tendré misericordia, y tendré compasión de quien tendré compasión (Ex. 33:19).*

En Romanos 9, el apóstol Pablo usa una ilustración de un evento transcurrido en el Antiguo Testamento para enseñarnos acerca de la elección de Dios. Los textos son tan claros que se explican por sí mismos:

> *Y no sólo esto, sino que también Rebeca, cuando concibió mellizos de uno, nuestro padre Isaac (porque cuando aún los mellizos no habían nacido, y no habían hecho nada, ni bueno ni malo, para que el propósito de Dios conforme a su elección permaneciera, no por las obras, sino por aquel que llama), se le dijo a ella: EL MAYOR SERVIRÁ AL MENOR. Tal como está escrito: A JACOB AMÉ, PERO A ESAÚ ABORRECÍ. (Rom. 9:10-13).*

El pasaje se conecta con toda la argumentación de Pablo, quien anticipa las posibles preguntas de sus oponentes, como todo buen maestro hace:

> *¿Qué diremos entonces? ¿Qué hay injusticia en Dios? ¡De ningún modo! Porque El dice a Moisés: TENDRÉ MISERICORDIA DEL QUE YO TENGA MISERICORDIA, Y TENDRÉ COMPASIÓN DEL QUE YO TENGA COMPASIÓN. Así que no depende del que quiere ni del que corre, sino de Dios que tiene misericordia. Porque la Escritura dice a Faraón: PARA ESTO MISMO TE HE LEVANTADO, PARA DEMOSTRAR MI PODER EN TI, Y PARA QUE MI NOMBRE SEA*

---

[12] Colin G. Kruse, *Paul's Letter to the Romans*, Pillar New Testament Commentary, ed. D. A. Carson (Grand Rapids, MI: Wm. B. Eerdmans Publishing Co., 2012), 378.

[13] Para más información sobre la opinión de Spurgeon en torno a la elección de Jacob sobre Esaú, véase C. H. Spurgeon, "Jacob and Esau", accesado el 3 de marzo de 2016, http://biblehub. com/sermons/auth/spurgeon/jacob_and_esau.htm.

PROCLAMADO POR TODA LA TIERRA. Así que del que quiere tiene misericordia, y al que quiere endurece. (Rom. 9:14-18).

Notemos que de forma muy clara y sin excusar a Dios, Pablo expone lo siguiente: "Así que no depende del que quiere ni del que corre, sino de Dios que tiene misericordia". No quisiera que alguien se quedara con la impresión de que hay miles de personas tocando la puerta de Dios para que Él los deje entrar y que Dios está del otro lado diciendo: "¡No!" Porque no depende del que quiere, sino de Dios que tiene misericordia. La realidad es otra. Después de la caída de Adán, nadie ha buscado a Dios en toda la historia del hombre (Rom. 3:11). Dios, que tiene misericordia, sí ha querido dar salvación al hombre y ha movido Su mano para garantizar la salvación de un grupo a quienes la Palabra llama "escogidos". ¿Por qué lo hizo Dios así? Esto no le ha sido revelado al hombre (Deut. 29:29). Cuestionar a Dios implica constituirse en una autoridad por encima de Él con derecho para cuestionarlo y llamarlo injusto. Dios respondería: ¿Quién dice que soy injusto? ¿Dónde está el estándar de justicia por encima del mío, para catalogarme de injusto? Justo no es lo que creemos; justicia es, por definición, lo que Dios hace. Cuando hay una discrepancia entre Dios y nosotros, los que necesitamos ajustes somos nosotros.

Pablo sigue contestando a sus discípulos:

> *Me dirás entonces: ¿Por qué, pues, todavía reprocha Dios? Porque ¿quién resiste a su voluntad? Al contrario, ¿quién eres tú, oh hombre, que le contestas a Dios? ¿Dirá acaso el objeto modelado al que lo modela: Por qué me hiciste así? ¿O no tiene el alfarero derecho sobre el barro de hacer de la misma masa un vaso para uso honorable y otro para uso ordinario? (Rom. 9:19-21).*

El alfarero no puede ser cuestionado por el barro, en relación a qué hará con él. Si la criatura tuviera el conocimiento que Dios tiene y fuera todo lo justo, misericordioso y santo que Dios es, terminaría haciendo siempre las mismas cosas que el Creador ha hecho y de la misma manera. Pero Dios reveló en Isaías 55:8-9: "Porque mis pensamientos no son vuestros pensamientos, ni vuestros caminos mis caminos —declara el SEÑOR. Porque *como* los cielos son más altos que la tierra, así mis caminos son más altos que vuestros caminos, y mis pensamientos más que vuestros pensamientos".

La elección de Dios en el libro de Hechos

El libro de Hechos es una narración histórica de los primeros treinta años de la iglesia cristiana. No corresponde a una epístola doctrinal, como lo es la carta a los Romanos. Por eso hemos querido seleccionar un par de historias a manera de ilustración para que podamos ver la elección de Dios plasmada en la historia. Es como si una epístola como Romanos tuviera la teoría y un libro como Hechos tuviera la práctica.

En el libro de Hechos encontramos un pasaje interesante que nos habla de una ocasión cuando el apóstol Pablo, acompañado de Bernabé, estaba predicando la palabra en Antioquía de Pisidia, y trataba de explicar su ministerio a la muchedumbre congregada compuesta de judíos y gentiles. Al final de su predicación, los judíos "se llenaron de celo, y blasfemando, contradecían lo que Pablo decía" (13:45). Pero hubo gentiles (que hasta ese entonces no formaban parte del pueblo escogido de Dios) que sí creyeron. ¿La razón? Aquí está: "Oyendo esto los gentiles, se regocijaban y glorificaban la Palabra del Señor; y creyeron **cuantos estaban ordenados a vida eterna**" (13:48, énfasis agregado). ¿Por qué creyeron estas personas? Porque estaban ordenados para vida eterna. Creyeron a través de la predicación de la Palabra por la ordenación de Dios y sin ningún mérito de su parte. "Este verso es una afirmación incuestionable de predestinación absoluta – 'el eterno propósito de Dios' (Calvin) – como aparece en otras partes del Nuevo Testamento."[14]

Si encierras a tu hijo en una habitación con cinco puertas, y dejas cuatro de ellas con seguro e imposibilitadas de abrir, el niño tratará de abrir todas las puertas para llegar hasta donde tú estás. Intentará una por una hasta que encuentre la puerta "correcta". El niño encuentra la puerta que tú, como padre, habías dejado abierta para que él entre. El niño puede decir que fue su esfuerzo que lo llevó a encontrar la puerta abierta porque él buscó hasta encontrar. Pero en realidad, el padre intencionalmente dejó esa puerta abierta para ser encontrada. Esas puertas muchas veces son circunstancias en la vida que Dios orquesta con la intención de que cuando terminemos de buscar por todos nuestros caminos cerrados, encontremos el único camino de salvación. Desde aquí debajo luce como el esfuerzo del hombre por encontrar a Dios, desde la perspectiva de Dios es evidente que Dios fue atrayendo a ese hombre con su misericordia (Jer. 31:3).

Reflexión final

La elección no es la salvación, pero es para salvación. La elección se hace antes de la fundación del mundo y la salvación se aplica a mi vida el día en que acepto el sacrificio de Cristo y le recibo como Señor y Salvador.

Si la mente del hombre no puede someterse a Dios como mencionamos antes, si la voluntad del hombre está esclavizada, si el corazón del hombre es de piedra, como dice la Palabra, hasta el día que Cristo nos da salvación, es evidente que no hay condición alguna en nosotros que nos gane algún mérito con Dios. La fe misma es un don de Dios y por tanto esto no es de nosotros (Ef. 2:8-9). Cuando Adán pecó, él y sus descendientes no solo quedaron espiritualmente enfermos, sino que quedaron muertos en delitos y pecados (Ef. 2:1). Por tanto, en esa condición, nosotros no podemos hablar de mérito alguno.

---

[14] David G. Peterson, *The Acts of the Apostles*, Pillar New Testament Commentary, ed. D. A. Carson (Grand Rapids, MI: Wm. B. Eerdmans Publishing Co., 2012), 399.

El entender cuán inmerecida es nuestra salvación nos ayuda a vivir de forma más agradecida y aún más comprometida al ver la gracia y la misericordia de Dios sobre nosotros.

Al comprender la elección inmerecida, podemos ver, ahora, cómo llegamos a poner nuestra fe en Cristo como resultado de que Dios nos haya escogido para salvación. ¿Ponemos la fe en Cristo y por eso Dios nos elige o llegamos a poner la fe en Cristo, precisamente porque ya hemos sido elegidos por Dios? *Sola Fide* es nuestra próxima enseñanza.

4

SOLA FIDE: solo por fe

"Porque en el evangelio la justicia de Dios se
revela por fe *y* para fe; como está escrito: MAS EL
JUSTO POR LA FE VIVIRÁ".

Romanos 1:17

INTRODUCCIÓN

Al igual que la doctrina de *Sola Escritura*, esta otra enseñanza acerca de la salvación por fe solamente (*Sola Fide*) formó parte del corazón del movimiento de la Reforma. Es una doctrina fácil de ver en la Palabra porque hay múltiples pasajes donde claramente se expresa que la salvación es por fe y no por obras (Ef. 2:8-9). Pero a pesar de esa realidad, la mayoría no percibe la importancia de esta enseñanza. Para Martín Lutero, la enseñanza de la justificación por fe solamente era el principio sobre el cual la iglesia se levanta o se cae.[1] *Si la doctrina de la justificación [por fe] se pierde, se pierde todo el resto de la doctrina cristiana.*[2]

Hay doctrinas que son interpretadas de manera diferente por cristianos maduros y aun por eruditos, como el tiempo y la forma de la segunda venida de Cristo; pero esta doctrina representa el corazón de la fe cristiana para Lutero, Calvino, los demás reformadores y para nosotros también. Esta enseñanza determina cómo el ser humano es salvo de la condenación eterna.

En esta parte introductoria, vale la pena ver algunos detalles de la vida de Martín Lutero para entender mejor la importancia de una doctrina como esta. En cierta manera esta doctrina es la columna vertebral de la fe cristiana. Es la doctrina que la Iglesia Católica Romana no cree, ya que aún al día de hoy, la iglesia de Roma entiende y enseña que la salvación se obtiene a través de un sinergismo entre la gracia de Dios, la fe puesta en Dios más las obras

---

[1] Michael S. Horton, "The *Sola*'s of the Reformation", en *Here We Stand! A Call from Confessing Evangelicals*, eds. James Montgomery Boice y Benjamin E. Sasse (Grand Rapids, MI: Baker Books, 1996), 121.

[2] Martin Luther, *Luther's Works, Vol. 26: Lectures on Galatians*, eds. Jaroslav Pelikan y Walter A. Hansen (St. Louis, MO: Concordia Publishing House, 1963), 9.

que el hombre realiza. La discusión de esta doctrina es la que dio inicio al movimiento de la Reforma, llevando a los reformadores a romper con la iglesia de entonces a la cual habían pertenecido por años.

Curiosamente, Lutero, quien terminó defendiendo esta doctrina con su propia vida, no comenzó su vida cristiana creyendo de la misma manera. Martín Lutero vivió por años atormentado por sus pecados y con terror pensando acerca de su posible condenación. No podía dormir tranquilo pensando en la justicia perfecta de Dios que de ninguna manera encontraba cómo llenar o satisfacer.

Un día de regreso a su hogar, Lutero fue atrapado por una tormenta, y en medio de esta, un rayo cae cerca de donde cabalgaba haciéndolo caer del caballo en que iba, y en medio del miedo que lo embargó exclamó: "Santa Ana ayúdame, me haré un monje". Dos o tres días después, Lutero entró al monasterio de los Agustinos.[3] Una vez ahí dentro, retirado del mundo y de las tentaciones, Lutero pensó que le ayudaría a encontrar la paz que no había experimentado; pero no fue así. Este joven monje no tuvo paz hasta que encontró el verdadero significado de la cruz.

Lutero vivía una vida monástica bastante santa ante los ojos de los hombres, pero aún así no encontraba paz para su alma. Él supo dormir casi desnudo en el frío del invierno, tratando de castigar su cuerpo; supo confesarse hasta dos y tres horas diariamente, y al alejarse del confesionario, recordar algún pecado y tener que regresar al sacerdote para seguir pidiendo perdón. Y lo que atormentaba a Lutero es una realidad que pocos entienden y que él conoció viviendo retirado en el monasterio; que llevamos el peor enemigo dentro de nosotros. Por eso aun alejado del mundo, su alma seguía atormentada porque después de confesarse, él sabía que continuaba en pecado. Lutero entendió que su problema con el pecado no radicaba fuera del monasterio, sino en el interior de su ser.

En 1510, Martín Lutero fue escogido por su orden sacerdotal para viajar a Roma por asuntos oficiales relacionados a su orden eclesiástica. Este era el sueño de Lutero porque siempre había pensando que Roma sería como la Jerusalén celestial, pero aquí en la tierra. Sin embargo, ese viaje lo decepcionó enormemente al ver la corrupción del clero.

Lutero regresa de ese viaje y vuelve al monasterio donde enseñó los libros de Romanos (1515-16), Gálatas (1516-17) y Hebreos (1517-18); había estado enseñando sobre el libro de los Salmos (1513-15) dos o tres años antes.[4] Lo que más atormentaba a Lutero era que a pesar de ser un monje impecable, no encontraba paz para su alma, lo cual lo llevaba a confesarse constantemente. Lutero describió este período de su vida como uno de gran desesperación. Él dijo haber perdido el contacto con el Cristo Salvador y Consolador de su vida, quien se había convertido en un carcelero y tortura-

---

[3] John D. Woodbridge y Frank A. James III, *Church History: Volume Two: From Pre-Reformation to the Present Day* (Grand Rapids, MI: Zondervan, 2013), 108-9.
[4] Roland H. Bainton, *Here I Stand: A Life of Martin Luther* (Nashville, TN: Abingdon Press, 1950), 21.

dor de su alma.[5] Esto llegó a atormentarlo tanto que cuando alguien le preguntó si él amaba a Dios, Lutero respondió: "¿Amar a Dios?... Yo a veces lo odio".[6] Esto ocurrió durante un período entre los años 1510-1517, hasta que finalmente estudiando y enseñando el libro de Romanos, Lutero entendió esta frase que aparece en Romanos 1:17, que **el justo por la fe vivirá.**

En 1516, mientras Lutero enseñaba el libro de Romanos llegó a comprender la esencia del evangelio, el mensaje de las buenas nuevas, y un día entendió realmente lo que Dios había revelado desde el Antiguo Testamento, que "el justo por su fe vivirá" (Hab. 2:4). Ese entendimiento lleva a Lutero a experimentar el nuevo nacimiento del cual le habló Jesús a Nicodemo, otro profesor de teología que no entendía cómo entrar al reino de los cielos (Juan 3).

Después de haberlo entendido, en algún momento, Lutero pronunció estas palabras:

> *Finalmente, meditando día y noche, por la misericordia de Dios, yo... comencé a entender que la justicia de Dios es aquella a través de la cual el justo vive como un regalo de Dios, por fe... con esto yo me sentí como si yo hubiese nacido de nuevo por completo, y que hubiese entrado al paraíso mismo a través de las puertas que habían sido abiertas ampliamente.*[7]

LA SALVACIÓN MAL ENTENDIDA

Si le preguntáramos a la gente que camina por las calles, sobre todo en nuestro contexto latinoamericano, si piensa ir al cielo, con mucha probabilidad respondería algo como esto: "Yo creo que sí porque nunca he hecho nada tan malo como para ir al infierno... yo no he matado a nadie, nunca he robado, nunca le he sido infiel a mi esposa... es posible que haya dicho algunas mentiras, pero realmente, ¿quién no las ha dicho?" He escuchado palabras similares en innumerables ocasiones. Otros han agregado: "No soy el más santo de todos, pero tampoco soy el peor; de manera que espero que Dios pueda tomar eso en cuenta". Esas palabras reflejan el pensamiento de muchos que piensan que cuando Dios examine su vida, Él lo hará de una manera similar a como tantos profesores califican exámenes en la universidad: considerando la calificación más alta y la más baja, fijando las calificaciones de 0 a 100, y de esa manera las notas se determinan conforme le haya ido a todo el grupo en la clase. De manera que la calificación final se determina de acuerdo a la comparación con el resto de los alumnos del grupo. Así piensan indirectamente muchas personas hoy. Creen que entrarán al cielo porque sus obras no son tan malas como las obras de otros.

---

[5] James M. Kittelson, *Luther The Reformer: The Story of the Man and His Career* (Minneapolis, MN: Augsburg Publishing House, 1986), 79.
[6] Citado en R. C. Sproul, *The Holiness of God* (Carol Streams, IL: Tyndale House Publishers, 1998), 82.
[7] Kittelson, *Luther The Reformer,* 134.

Decía alguien que él "no sabía cómo lucía el corazón de un hombre malo, pero que sí sabía cómo lucía el corazón de un hombre bueno y que ese corazón lucía sumamente malvado". Lo cierto es que no hay forma en que yo pueda entrar al cielo contando con mis propias obras, porque mis mejores obras están todas teñidas por el pecado. Desafortunadamente pensamos que la obtención de la salvación es sobre la base de nuestras obras porque no vemos lo malvado de nuestro corazón, porque el estado interior de nuestro corazón y de nuestra conciencia no nos permite verlo de otra manera. Estas palabras de Oswald Chambers podrían ayudarnos a entender nuestra realidad:

> *Una vez que la conciencia comienza a ser despertada, es despertada cada vez más, hasta que produce la convicción terrible de que soy responsable ante Dios por quebrantar su ley. Yo sé que Dios no puede perdonarme y seguir siendo Dios; si Él lo hiciera, yo tendría un sentido de justicia superior al de Él. No hay nada en mi espíritu que me pueda liberar del pecado, no tengo poder; "estoy vendido al pecado"... la convicción de pecado lleva a este hombre a una condición de desesperanza y de impotencia; y hasta que llegue allí, la cruz de Cristo no tiene sentido para Él. Es por la misericordia de Dios que un hombre no tiene convicción de pecado hasta que nace de nuevo; somos convencidos de pecado para poder nacer de nuevo; entonces el Espíritu Santo que mora en nosotros nos convence de pecado. Si Dios nos diera convicción de pecado, separado del conocimiento de su redención, nos volveríamos locos.[8]*

Chambers explica que el Espíritu de Dios da convicción de pecado al incrédulo para llevarlo al arrepentimiento y perdón para hacerlo nacer de nuevo. En ese instante, el Espíritu de Dios viene a morar en el interior de la persona y ahora que es salvo el Espíritu Santo continúa produciendo convicción de pecado durante su proceso de santificación, pero ya con la esperanza de su salvación. Si sintiéramos la convicción de lo que realmente es el pecado para Dios, no existen palabras para describir el peso de lo que sentiríamos. La cruz de Cristo, Su dolor físico, emocional y espiritual nos ayuda a entender lo horrendo del pecado. Si viéramos nuestro pecado separado de la cruz nos volveríamos locos y el suicidio sería la única manera lógica de escape. Más aun, si Dios nos revela el pecado por lo que es y en ese momento no nos lleva al arrepentimiento y muestra Su justicia perfecta, perderíamos la razón bajo el peso de condenación y sin esperanza de salvación. La cruz es la única solución.

Cuando Dios nos dio Su ley, lo hizo no pensando que podíamos cumplirla, sino para mostrarnos la maldad de nuestro corazón, la imposibilidad de llenar Su ley y la necesidad de un Salvador. La ley tenía, en cierta manera, la función de amedrentar al ver que no se podía cumplir, dejándonos ver que

---

[8] Oswald Chambers, "God's Workmanship", en *The Complete Works of Oswald Chambers by Oswald Chambers* (Grand Rapids, MI: Discovery House Publishers, 2000), 444.

la única alternativa es salir corriendo en busca de un redentor, cuyo nombre es Cristo. Los reformadores han explicado que la ley de Dios tiene dos o tres funciones distintas, dependiendo del autor consultado. El primer uso de esa ley era justamente llevar al pecador a los pies de Cristo al entender la imposibilidad de cumplirla.[9]

Por eso dice Romanos 3:20: "por medio de la ley *viene* el conocimiento del pecado"; conocimiento no de la salvación, sino la convicción de cuán pecaminoso soy. Es ese conocimiento de lo que es el pecado, de lo que es la ley y de la función de Cristo en la salvación, lo que me lleva a depositar mi fe en Cristo como Redentor y Salvador.

LA SALVACIÓN POR FE SOLAMENTE – SOLA FIDE

Quizás la mejor manera de comenzar a entender esta enseñanza tan importante es analizando el pasaje de Romanos 3:20-26:

> *Porque por las obras de la ley ningún ser humano será justificado delante de El; pues por medio de la ley viene el conocimiento del pecado. Pero ahora, aparte de la ley, la justicia de Dios ha sido manifestada, atestiguada por la ley y los profetas; es decir, la justicia de Dios por medio de la fe en Jesucristo, para todos los que creen; porque no hay distinción; por cuanto todos pecaron y no alcanzan la gloria de Dios, siendo justificados gratuitamente por su gracia por medio de la redención que es en Cristo Jesús, a quien Dios exhibió públicamente como propiciación por su sangre a través de la fe, como demostración de su justicia, porque en su tolerancia, Dios pasó por alto los pecados cometidos anteriormente, para demostrar en este tiempo su justicia, a fin de que El sea justo y sea el que justifica al que tiene fe en Jesús.*

"La mayoría de los académicos reconocen este párrafo como el corazón de la epístola [a los Romanos]."[10] El apóstol Pablo bajo la dirección del Espíritu Santo fue un maestro por excelencia, y en el libro de Romanos vemos su destreza como tal. En este pasaje citado, la primera enseñanza que Pablo presenta es que por medio de las obras de la ley es imposible ser justificado. Dicho en otras palabras, el mejor esfuerzo humano no llega a cumplir la ley a cabalidad. Por tanto, tratar de cumplir la ley jamás bastará para lograr que alcancemos un estado de santificación (carácter moral) tal para ser declarados justos delante de Dios. Lo único que la ley puede hacer inicialmente es revelarme el carácter de Dios, porque eso es lo que la ley representa, y al hacerme esa revelación, puedo ver mi pecado a manera de contraste entre lo que Dios es y lo que yo soy y hago. Notemos cómo Pablo continúa su enseñanza en el versículo 21: "Pero ahora, aparte de la ley, la justicia de Dios ha

---

[9] Philip Graham Ryken, *Exodus: Saved for God's Glory*, Preaching the Word, ed. R. Kent Hughes (Wheaton, IL: Crossway Books, 2005), 535-44.

[10] Thomas R. Schreiner, *Romans*, Baker Exegetical Commentary on the New Testament, ed. Moisés Silva (Grand Rapids, MI: Baker Academic, 1998), 178.

sido manifestada..." Notemos la palabra 'ahora'; es una palabra importante en la Biblia. Con ese 'ahora', Pablo hace referencia a que antes las cosas eran de una forma, pero ahora son de otra.[11]

- Antes de venir a Cristo cada uno de nosotros tenía la ira de Dios que pesaba sobre nosotros (Juan 3:36). La ira o la justicia de un Dios que odia el pecado y que tiene "dificultad" en relacionarse con aquellas cosas marcadas por el pecado como cada uno de nosotros. Es la **primera mala noticia** que necesitamos aprender antes de ver y dar la bienvenida a la buena noticia. ¿Cómo nos relacionamos nosotros con un Dios que está airado con nosotros, los pecadores?, sería una de las primeras preguntas.
- Esa ira (justicia) de Dios nos condena a ir al infierno (si Dios no interviene) sin la posibilidad de salir de allí, y esa condenación reina sobre el hombre desde el momento de su nacimiento hasta el momento de su muerte, a menos que el pecador sea regenerado por Su redentor. La Biblia revela que aun el niño recién nacido está bajo condenación por el pecado que heredó de Adán; condenado bajo ira (Sal. 51:5; 58:3). **Segunda mala noticia.**
- Antes de Cristo, bajo el régimen de la ley, la gente vivía bajo la esclavitud del pecado; sin poder disfrutar de abundancia, sintiéndose presa de su propio pecado y esa esclavitud le impedía incluso cumplir la ley de Dios. La esclavitud consistía en tener presa la voluntad sometida al pecado y esa esclavitud era permanente (2 Tim. 2:25-26) y nos robaba la paz que Cristo vino a darnos; de ahí que Martin Lutero hablara de la esclavitud de la voluntad del hombre al pecado (Rom. 6). **Tercera mala noticia.**
- Finalmente, sin Cristo estoy excluido de la familia de Dios, de los pactos, de las bendiciones, de Su protección y realmente excluido de la vida (Ef. 2:12) porque estar en pecado es muerte espiritual. Excluido de Dios. **Cuarta mala noticia.**

Pero ahora las cosas son distintas. La frase 'pero ahora' aparece unas 14 veces en las epístolas de Pablo y con cierta frecuencia se refiere a cosas que antes eran de una manera, pero que ahora son de otra manera.[12] Y ¿qué es lo que marca la diferencia entre antes y ahora? Romanos 3:21 nos da la respuesta: "[p]ero ahora… la justicia de Dios ha sido manifestada". La palabra justicia, en el Nuevo Testamento puede hacer referencia a varias cosas diferentes:

1. La justicia que aplica un juez (Cristo) al erradicar el pecado al final de los tiempos.
2. La rectitud moral de Dios o de Jesucristo.[13]

---

[11] Colin G. Kruse, *Paul's Letter to the Romans*, Pillar New Testament Commentary, ed. D. A. Carson (Grand Rapids, MI: Wm. B. Eerdmans Publishing Co., 2012), 178.

[12] Ibíd.

[13] William Webster, *The Gospel of the Reformation* (Battle Ground, WA: Christian Resources, 1997), 51.

En el versículo que estamos considerando la mejor traducción sería rectitud moral (traducido al idioma inglés como *righteousness*). De manera que con esa traducción diría:

> *Pero ahora, aparte de la ley, la rectitud moral (justicia) de Dios ha sido manifestada, atestiguada por la ley y los profetas; es decir, la rectitud moral de Dios por medio de la fe en Jesucristo, para todos los que creen; porque no hay distinción; por cuanto todos pecaron y no alcanzan la gloria de Dios (Rom. 3:21-23).*

En estos tres versículos hay varias ideas importantes.

Una de las grandes enseñanzas que necesitamos entender aparece en el versículo 23, y es que todos hemos pecado. Al pecar, ninguno ha alcanzado la gloria de Dios. Dicho de otra manera, ni siquiera la persona que mejor haya vivido, tal como Juan el Bautista, Job o Daniel, ni aun ellos vivieron de una manera que les permitiera ganarse la salvación. Ellos también quedaron destituidos de la presencia de Dios. Entonces, si los hombres más justos de la historia bíblica, no pueden entrar a la presencia de Dios, la pregunta lógica sería, ¿qué se requiere para entrar a la gloria, a Su presencia? La respuesta a esa pregunta sería lo que finalmente calmaría la ansiedad de Lutero. Tú necesitas poseer un carácter moral perfecto, lo cual requeriría vivir toda tu vida sin cometer un solo pecado, lo cual es una imposibilidad. A lo largo de nuestras vidas cometemos no uno, sino miles o millones de pecados. En realidad vivimos en un estado constante de violación de la ley de Dios. Medita por un momento en este solo mandamiento: *Amarás al Señor tu Dios con todo tu corazón, con toda tu alma y con toda tu fuerza.* ¿Quién ha podido hacer tal cosa? Solo Cristo. El resto de nosotros vive violando este mandamiento. Cada vez que pecamos, en ese momento hemos amado más nuestro pecado que al Señor Jesús.

Lutero entendió eso, y casi pierde la razón, porque la idea de permanecer bajo condenación lo atemorizaba grandemente, pero a la vez sabía que era imposible vivir una vida a la perfección que le permitiera entrar a la presencia de Dios. Finalmente, Lutero entendió que era posible tener un carácter moral perfecto para entrar a la presencia de Dios, pero que ese carácter moral perfecto no lo adquirimos a través de nuestras obras de santificación porque ninguna de nuestras obras es perfecta para pasar el estándar de Dios; sino que esa rectitud moral proviene de Cristo quien la otorga por la fe puesta en Él. Por eso Romanos 3:21 dice: "Pero ahora, aparte de la ley, la justicia (la rectitud moral) de Dios ha sido manifestada, atestiguada por la ley y los profetas". Y luego, el siguiente versículo nos deja ver cómo ocurre: "es decir, la justicia (rectitud moral) de Dios por medio de la fe en Jesucristo, para todos los que creen" (v.22). La rectitud moral de Dios se manifestó ahora aparte de la ley; en otras palabras, la ley no nos puede dar dicha justicia; por eso es "aparte de la ley". Es una rectitud moral que yo obtengo por medio de la fe en Jesucristo. De ahí la frase *Sola fide* o por fe solamente.

El día que Cristo murió, nuestros pecados le fueron cargados a Su vida o a Su cuenta de una manera real; por eso Cristo sufrió un puro "infierno" en la cruz; un infierno de dolor y de separación temporal del Padre, expresado en Su grito: "Dios mío, Dios mío, ¿por qué me has abandonado?". De esa misma manera, el día que nosotros depositamos nuestra fe en Cristo como Señor y Salvador, ese día, Su santidad o Su carácter moral perfecto es cargado a nuestra cuenta o a nuestra vida. En teología, a eso llamamos imputación. La palabra imputación viene del latín *"imputare"* que significa cargar a la cuenta de otro. Es como que alguien esté en la bancarrota total y deba cien millones de pesos al banco y que un amigo deposite la totalidad de la deuda en otra cuenta, y que el banco acredite a la cuenta del que está en bancarrota esa cantidad de dinero como si fuera suyo, simplemente porque el dueño de la otra cuenta le ha dado instrucciones para acreditar a esa cuenta lo que él depositó. De repente, esa persona no debe nada al banco, no porque haya hecho los depósitos necesarios para eliminar su deuda, sino porque otra persona que sí tenía con qué pagar, lo pagó en lugar suyo. Eso fue exactamente lo que Cristo hizo con nuestra deuda.[14]

Cuando Dios creó al hombre, le dijo: El día que peques morirás (Gén. 2:17). Satanás convenció a Adán y Eva de que eso no era cierto, y ellos violaron Su ley. Dios les otorgó el perdón hasta el punto que Adán, en vez de morir inmediatamente, vivió más de 900 años. De ahí en adelante, cada descendiente de Adán heredó la deuda. Si mi padre me deja una fortuna y junto con eso al morir, deja una deuda, yo, como heredero de mi padre, no puedo desentenderme de la deuda, sino que junto con lo que me dejó de dinero, me dejó la responsabilidad de la deuda. Y así ocurrió con la deuda moral de Adán que cada uno de nosotros ha heredado. Dios le dio a Adán la responsabilidad de administrar el planeta y cuando él murió dejó el planeta a sus descendientes, pero a la vez nos dejó la responsabilidad de la deuda moral que él contrajo con Dios.

La única manera de quedar libre de la deuda que Adán nos dejó sería si alguien viniera y cumpliera cabalmente con la ley de Dios, viviendo una vida perfecta, sin pecado y que estuviera dispuesto a que mi deuda se cargara a su cuenta, y muriera en mi lugar ofreciendo un sacrificio sustitutivo. Y eso fue lo que ocurrió en la cruz. Cristo, el hombre perfecto, cumplió la ley de Dios a la perfección y al cumplirla acumuló los méritos necesarios para ir y morir en mi lugar; y allí, en la cruz, mis pecados le fueron imputados o cargados a Su cuenta y Su santidad o carácter moral es acreditado a mi cuenta el día que yo le entrego mi vida. Pablo lo dice en 2 Corintios 5:21: "Al que no conoció pecado, le hizo pecado por nosotros, para que fuéramos hechos justicia de Dios en El". Notemos la frase "le hizo pecado por nosotros", que habla de las consecuencias de nuestro pecado cargado a la persona de Jesús en la cruz. Notemos también cómo la frase "para que fuéramos hechos justicia de Dios en El" nos deja ver las bendiciones que recibe el pecador justificado: recibe

---

[14] John M. Frame, *Systematic Theology: An Introduction to Christian Belief* (Phillipsburg, NJ: P&R Publishing Company, 2013), 966-70.

el carácter santo de Cristo por medio del cual él es declarado santo o justo sin serlo. A esto se refirió Lutero cuando dijo que nosotros somos "símul justus et peccator"; justo y pecador a la vez. La cruz permite que ocurran dos cosas:

1. Yo quedo sin deuda.
2. Yo adquiero una santidad ajena que me ha sido otorgada al creer en Cristo como Señor y Salvador. Y esa santidad es la santidad de Cristo.

Eso fue exactamente lo que ocurrió cuando Abraham creyó. Génesis 15:6 dice que Abraham creyó y le fue contado por justicia. Recuerda que la palabra justicia hace alusión al carácter moral de Dios. Entonces, lo que Génesis 15:6 dice es que Abraham creyó y le fue contado por carácter moral. En otras palabras, la razón de la salvación de Abraham no fueron sus obras, en lo más mínimo, sino su gran fe; la fe que depositó en Dios, y esa fe hizo que Dios lo considerara como si fuera justo, aunque no lo era. La palabra en Génesis 15:6 traducida **"le fue contado"** cuando se traduce al griego, es el vocablo logizomai, que significa: *"Tomar algo que le pertenece a alguien y acreditárselo a la cuenta de otro"*.[15] Fue la fe de Abraham depositada en Dios la que fue reconocida; por eso es que insistimos en que la salvación es solamente por fe y que ha sido revelada desde el primer libro de la Biblia.

Los judíos no creían esta gran verdad porque estaban convencidos de que para ser salvo, era necesario ser circuncidado y cumplir todas las obras de la ley, lo cual nadie pudo ni puede hacer. Por eso Pablo les recuerda a los judíos de su época que Abraham le creyó a Dios, y su fe le fue contada por justicia o por rectitud moral (Rom. 4:3). En otras palabras, el día que Dios hizo la promesa a Abraham, ese día, Abraham le creyó a Dios y su fe le fue contada por rectitud moral. Dicho de otra manera, Abraham no se ganó con obras la aprobación de Dios porque jamás hubiese podido. En cambio, Dios le otorgó Su rectitud moral a la cuenta o a la vida de Abraham y al hacer esto, Dios lo justificó; lo cual implica que lo declaró justo sin serlo. Siendo culpable lo declaró justo por haber creído. Pero en la cruz, ocurrió lo opuesto y es que Cristo, siendo inocente, fue declarado culpable. Entonces en la cruz, Cristo fue tratado por el Padre como si él hubiese vivido la vida del pecador para que un día, cuando ese pecador lo recibiera como Señor y Salvador, Dios lo pudiera tratar como si hubiese vivido la vida de Cristo. En eso consiste la imputación de nuestros pecados a Cristo y de Su santidad a la persona del pecador. Y cuando yo recibo Su santidad, entonces soy justificado: Dios Padre me declara justo sin serlo.

A eso alude el versículo 24 de Romanos 3: "siendo justificados gratuitamente por su gracia por medio de la redención que es en Cristo Jesús". Somos justificados por gracia, pero el instrumento de justificación es la fe puesta en Él.[16]

---

[15] Gerhard Kittel y Gerhard Friedrich, eds., *Theological Dictionary of the New Testament*, ed. abr. por Geoffrey W. Bromiley (Grand Rapids, MI: Wm. B. Eerdmans Publishing Co., 1985), 536.
[16] Frame, *Systematic Theology*, 969.

Quizás esta historia que escuché en una ocasión pueda ayudar al lector a entender todo lo que estamos explicando. Había una vez un cantante extraordinario en el imperio de un rey. Este cantante tenía un gran deseo de agradar al rey y de cantar para él. Y pensó que al ser el mejor cantante, y como todo el mundo conocía su reputación, cuando se presentara a la puerta del rey, con toda seguridad lo dejarían entrar. Él se presenta, pero es rechazado. Entonces piensa que lo que ha ocurrido es que él no se presentó con ropas de la realeza. Por tanto, decide pasar largos años cantando y acumular suficiente dinero para comprarse un caballo digno de la realeza y ropas dignas de la realeza. Después de años de realizar sus mejores esfuerzos y de ganar dinero a través de esos esfuerzos, él decide comprar las mejores ropas posibles y el mejor caballo, y luego ir a ver al rey vestido de gala y montado en su caballo blanco. Llega el día para visitar al rey, pero al acercarse al castillo, este famoso cantante se cae y se ensucian y se rompen sus ropas y el caballo se enloda. Él comienza a llorar, porque sabe que si antes lo habían rechazado, con más razón lo harían ahora. Cuando vuelve hacia su casa se va llorando y se encuentra con el príncipe, el hijo del rey, que le pregunta: "¿Qué te pasa?, ¿por qué lloras?" Y el cantante le explica lo que ha ocurrido.

El príncipe era un hijo bueno y decide prestarle su capa y le dice: "Ponte mi capa que ha de cubrir lo sucio, pero además, los soldados de mi padre saben a quién pertenece esta capa y cuando ellos la vean desde lejos la reconocerán y te abrirán la puerta y te llevarán hasta la presencia de mi padre". El cantante así lo hizo y al llegar a la puerta, los soldados reconocieron la capa y debido a ese solo hecho, ellos decidieron tomar al joven de la mano y llevarlo hasta la presencia del rey. Él pudo hacer eso porque el príncipe le había prestado su capa. Llegó ante el rey no porque estaba limpio, sino porque la capa del príncipe cubría su sucia ropa.

Así ocurre con nuestra salvación; no llegamos limpios delante de Dios Padre el día del juicio, sino cubiertos por la santidad de Cristo; porque un día, Cristo nos imputó (cargó a nuestra cuenta) Su santidad, habiendo ya Él cargado con nuestros pecados.

Ahora, para que completemos nuestro entendimiento, esto no es lo que ocurre todo el tiempo cuando, luego de un sermón, alguien se para y pasa adelante haciendo una profesión de fe. Muchos son los que han hecho una profesión de fe; pero no tienen posesión de esa fe. Una simple oración para recibir al Señor, hecha de los labios hacia afuera no nos limpiará de nuestros pecados. La fe que limpia de pecado necesita de tres elementos de acuerdo a los reformadores:[17]

1. *Notitia.* La fe que me salva necesita conocimiento de lo que Cristo hizo por mí. Esta palabra hace referencia al contenido de la fe. Necesitamos entender lo que es el evangelio que de gran manera encierra todo el conocimiento que hemos explicado más arriba. De manera

---

[17] R. C. Sproul, *What is Reformed Theology? Understanding the Basics* (Grand Rapids, MI: Baker Books, 1997), 72.

que la fe que salva no puede ser irracional, ilógica y tampoco puede ser fe en la fe.

2. *Assensus.* La fe que salva necesita creer la verdad que ha sido entendida. Un ateo podría entender el evangelio, pero no creerlo. A esto los reformadores llamaron *assensus,* de donde viene la palabra "asentir", que se refiere a afirmar o confirmar que he creído.

Pero eso no es suficiente. Los demonios por ejemplo tienen *notitia* o conocimiento de que Cristo es el Salvador; y ellos tienen *assensus*; esto es, ellos están convencidos de que Cristo es el Salvador del mundo; lo saben mejor que nosotros. Por eso dice Santiago que los demonios creen y tiemblan (Sant. 2:19). Lo que ellos no tienen es:

3. *Fiducia.* Confianza en Cristo; esa confianza, los demonios no la han depositado en el Señor. Esa fue la razón de su rebelión.

Para ser salvo, necesitamos confianza (fe) en que la santidad de Cristo imputada a nosotros es lo único (*Sola Fide*) que nos califica para entrar al reino de los cielos y eso ocurre el día que te arrepientes de todo corazón; pides perdón por tus pecados basado en el sacrificio de Cristo en la cruz y le entregas tu vida a Dios y recibes la suya; la vida eterna que Él te regala.

REFLEXIÓN FINAL

Todo lo anteriormente explicado está resumido en un solo texto de la Palabra que aparece en Efesios 2:8-9 donde señala que la salvación:

1. Es por gracia
2. Es por medio de la fe
3. No es por voluntad nuestra
4. Es un don de Dios
5. No es por obras
6. Por tanto nadie puede gloriarse

Entonces el carácter moral o santidad que me permite entrar al cielo es algo que me ha sido otorgado (imputado) por Cristo después que mis pecados han sido perdonados por Él. El evangelio son las buenas nuevas de salvación en Cristo Jesús quien nos reconcilió con el Padre, siendo nosotros aún pecadores.

Hemos sido justificados por fe solamente, pero poseer esa fe es una obra de gracia de parte de Dios. Mientras mejor entiendo Su gracia, más entiendo que todo cuanto poseo y todo cuanto he llegado a ser no es otra cosa que el fruto de esa gracia. Examinemos esta enseñanza sobre la gracia de Dios en la salvación.

5

SOLA GRATIA: solo por gracia

"Pero Dios, que es rico en misericordia, por causa del gran amor con que nos amó, aun cuando estábamos muertos en *nuestros* delitos, nos dio vida juntamente con Cristo (por gracia habéis sido salvados), y con El *nos* resucitó, y con El *nos* sentó en los *lugares* celestiales en Cristo Jesús, a fin de poder mostrar en los siglos venideros las sobreabundantes riquezas de su gracia por *su* bondad para con nosotros en Cristo Jesús. Porque por gracia habéis sido salvados por medio de la fe, y esto no de vosotros, *sino que es* don de Dios; no por obras, para que nadie se gloríe".

Efesios 2:4-9

INTRODUCCIÓN

Hace unos años atrás se celebró en Inglaterra un congreso de religiones comparativas con la idea de reunir varios expertos en diferentes religiones y compararlas. En un momento dado, estos eruditos se preguntaron si el cristianismo tenía algo particular que no pudiera encontrarse en ninguna otra religión. Algunos mencionaron la encarnación, pero otros opinaron que otras religiones tienen su propia versión de los dioses que aparecen en formas humanas. Otros mencionaron la resurrección, pero algunos objetaron porque en realidad hay otras religiones que tienen su propia versión de personas que han resucitado. Y mientras estaban envueltos en esa discusión, entró al salón C.S. Lewis, uno de los grandes pensadores y defensores de la fe cristiana del siglo XX, y él pregunta acerca de cuál era el tema de la discusión. Le explican lo que ellos venían analizando. Y sin pensarlo dos veces, C.S. Lewis dice: "¡Ah! eso es fácil; es el concepto de la gracia". Y después de discutirlo por un momento los expertos tuvieron que concluir que ciertamente en ninguna otra religión Dios hace un ofrecimiento de Su amor y de Su salvación completamente gratis; de forma incondicional. Solo en el cristianismo se da esa condición.[1]

A manera de comparación pensemos, de forma abreviada, en algunas de las religiones:

El budismo tiene un sistema de ocho pasos para llegar a liberar al hombre de sus deseos egoístas en esta vida porque no hay otra vida después de esta. El budismo es una religión atea. Obras humanas para liberar al hombre de su egoísmo. Dicho sea de paso, Buda abandonó a su esposa e hijo para dedicarse a la vida contemplativa. Esta fue una decisión egoísta.

El hinduismo tiene la ley del karma que habla de cómo el ser humano reencarna una y otra vez por miles y quizás millones de años para purificar su karma hasta llegar supuestamente a unirte con Brama cuando entonces pierdes tu identidad. Según las creencias de esta religión, Brama, la deidad suprema es la única verdadera realidad. Obras de purificación del karma; esfuerzo humano.

El judaísmo aún permanece creyendo en las obras de la Ley para la salvación. Obras o esfuerzo humano por igual.

En el islam, Alá determina la suerte de las personas al final de los tiempos, pero nadie puede conocer la voluntad de Alá. Al final, Alá determinará si entras o no a su presencia. Hay un código que cumplir y Alá evaluará tus obras para salvación o condenación. Otra vez, el esfuerzo humano.

Solamente en el cristianismo encuentras la idea de una salvación ofrecida al hombre por gracia basada en el amor incondicional de Dios.

Ahora, recuerda que la única razón por la que el cristianismo puede ofrecer el amor de Dios de forma incondicional es porque hubo una persona que pagó la deuda pendiente. De manera que la gracia de Dios puede ser definida como las riquezas de Dios dadas a nosotros a expensas de Cristo; a expensas del sacrificio que Cristo hizo. Y de eso nos habla Pablo en Efesios 2.

LA CALIDAD DE NUESTRAS OBRAS

Como mencionamos anteriormente, mucha gente está contando con ir a la presencia de Dios basado en sus buenas obras. Muchos son los que consideran que, al no haber matado a nadie o al no haber robado o sido infiel, sus "obras buenas" pesarán más que sus malas obras y que, bajo ese criterio, Dios Padre terminará perdonando sus pecados y concediéndoles vida eterna. Pero aquellos que piensan de esa manera ignoran cuál es el veredicto de Dios con relación a las obras de los hombres.

Poco tiempo después de la caída del hombre, vemos cómo la raza humana se corrompió a un grado tal que Dios se vio en la necesidad de juzgar todo el planeta. Las condiciones de la humanidad son descritas en Génesis 6:5:

---

[1] Philip Yancey, *What's so Amazing About Grace?* (Grand Rapids, MI: Zondervan, 1997), 45.

Y el Señor vio que era mucha la maldad de los hombres en la tierra, y que toda intención de los pensamientos de su corazón era sólo hacer siempre el mal. (Énfasis agregado).

Estas tres palabras que hemos resaltado hablan con elocuencia de lo corrompido que estuvo el mundo a poco tiempo de su creación como fruto del pecado del hombre. Desde que Adán y Eva desobedecieron a Dios, el ser humano ha dado evidencia una y otra vez de la maldad de su corazón. Solo la gracia de Dios ha podido seguir en búsqueda de un hombre que no busca a Su Creador y Redentor como veremos más adelante.

En la época de Isaías, con toda probabilidad, él era el hombre más recto en Israel. Este hombre considerado como el profeta mesiánico, tiene un encuentro con la santidad de Dios y exclama:

Entonces dije: ¡Ay de mí! Porque perdido estoy, pues soy hombre de labios inmundos y en medio de un pueblo de labios inmundos habito, porque han visto mis ojos al Rey, el Señor de los ejércitos (Isa. 6:5).

El profeta "justo" se considera de labios impuros. Daniel, un profeta íntegro, al orar en cierta ocasión dice: "hemos pecado, hemos cometido iniquidad, hemos hecho lo malo, nos hemos rebelado y nos hemos apartado de tus mandamientos y de tus ordenanzas" (Dan. 9:5). Daniel se consideraba como parte del pueblo que había pecado. Job, un hombre intachable de acuerdo al veredicto de Dios (Job 1) termina pecando contra Dios al cuestionar Su bondad y Su soberanía.

Ms adelante en la revelación bíblica observamos que Pablo describe la condición de ese hombre caído:

Como está escrito: No hay justo, ni aun uno; no hay quien entienda, no hay quien busque a Dios; todos se han desviado, a una se hicieron inútiles; no hay quien haga lo bueno, no hay ni siquiera uno. Sepulcro abierto es su garganta, engañan de continuo con su lengua, veneno de serpientes hay bajo sus labios; llena esta su boca de maldición y amargura; sus pies son veloces para derramar sangre; destrucción y miseria hay en sus caminos, y la senda de paz no han conocido. No hay temor de Dios delante de sus ojos (Rom. 3:10-18).

Notemos cuán absolutas son estas declaraciones:

✓ No hay justo, ni aun uno.
✓ No hay quien entienda.
✓ No hay quien busque a Dios.
✓ Todos se han desviado.
✓ A una se hicieron inútiles.
✓ No hay temor de Dios delante de sus ojos.

Todas las facultades del hombre están teñidas por el pecado; su mente, su corazón, sus emociones, su voluntad y por tanto todas las obras de los hombres están teñidas por la maldad en el interior de sus corazones. La mente quedó entenebrecida (2 Cor. 4:4); el corazón se volvió de piedra (Ezeq. 36:26); la voluntad quedó esclavizada al pecado (2 Tim. 2:25-26). Esto es lo que ha sido llamado *depravación total*.[2]

LA GRACIA Y LA JUSTICIA DE DIOS FRENTE A LAS OBRAS DEL SER HUMANO

La gracia de Dios es aquel atributo por medio del cual Dios nos concede lo que no merecemos. Algunos definen la gracia simplemente como el favor inmerecido de Dios.[3] La justicia de Dios es otro de Sus atributos y es la parte de Su carácter que garantiza que Su ley santa sea cumplida y que a la vez asegura que lo que fue bien hecho sea recompensado y lo mal hecho castigado a su debido tiempo.

En cuanto a la salvación, necesitamos entender que esta es un regalo de Dios. Pablo explica en Efesios 2:8 que "por gracia habéis sido salvados por medio de la fe, y esto no de vosotros, *sino que es* don de Dios". La salvación es un don; un regalo otorgado por gracia. La gracia excluye la posibilidad de que las obras de los hombres puedan contribuir a su salvación.[4] Creo que ningún otro texto de la Biblia puede ser tan claro como Romanos 11:6: "Pero si es por gracia, ya no es a base de obras, de otra manera la gracia ya no es gracia. Y si por obras, ya no es gracia; de otra manera la obra ya no es obra".

En la doctrina de la Iglesia Católica Romana se entiende que la salvación es por gracia más las obras de la ley o las obras que el hombre realiza.[5] Pero de una manera muy clara, el texto de Romanos excluye la posibilidad de que las obras y la gracia cooperen para la salvación. Las obras excluyen la gracia y viceversa.

Por otro lado, algunos o muchos han calificado a Dios como injusto al ver que permite o hace cosas que a nuestro entendimiento no son justas. En innumerables ocasiones hemos escuchado a personas decir que no creen en Dios porque ven la maldad imperante en el mundo y no entienden por qué, si Dios existe, no termina de una vez y para siempre con el pecado. Dichas personas no entienden que para acabar con el pecado y la maldad, Dios tendría que eliminar a cada persona cada vez que hace algo mal. Y si Dios hiciera algo como eso, ¿dónde estarías tú hoy?; ¿dónde estaría tu hijo o hermano o tu amigo que está en pecado? La única razón por la que Dios tolera el pecado y la maldad por ahora es por Su misericordia que está espe-

---

[2] James Montgomery Boice, *Romans, Vol. 1* (Grand Rapids, MI: Baker Books, 1991), 289-96.

[3] Robert Duncan Culver, *Systematic Theology: Biblical and Historical* (Fearn, Scotland: Christian Focus Publications, 2005), 657.

[4] Charles Hodge, *Ephesians*, Crossway Classic Commentaries, eds. Alister McGrath y J. I. Packer (Wheaton, IL: Crossway Books, 1994), 77-78.

[5] Herman Bavinck, *Reformed Dogmatics, Vol. 3*, ed. John Bolt, trans. John Vriend (Grand Rapids, MI: Baker Academics, 2006), 512-17.

rando que el hombre se arrepienta. Eso es exactamente lo que Pablo revela en Romanos 2:4: *"¿O tienes en poco las riquezas de su bondad, tolerancia y paciencia, ignorando que la bondad de Dios te guía al arrepentimiento?"*. Que Dios retarde Su justicia no significa que Él no hará justicia más tarde, como revela Romanos 2:5-6: "Mas por causa de tu terquedad y de *tu* corazón no arrepentido, estás acumulando ira para ti en el día de la ira y de la revelación del justo juicio de Dios, el cual PAGARÁ A CADA UNO CONFORME A SUS OBRAS". Ahora es el tiempo de Su misericordia; luego vendrá el tiempo de la justicia.

SOLO POR GRACIA (SOLA GRATIA)

La persona que mejor elaboró la doctrina de la salvación por gracia es el apóstol Pablo; el teólogo por excelencia de las cartas del Nuevo Testamento. Unos 25 años después de su salvación, Pablo escribe su *magnum opus* (su obra maestra), la carta a los Romanos y en ella describe con lujo de detalles la salvación por gracia solamente. Esto escribe:

> *Porque esta es una palabra de promesa:* POR ESTE TIEMPO VOLVERÉ, Y SARA TENDRÁ UN HIJO. *Y no sólo esto, sino que también Rebeca, cuando concibió* mellizos *de uno, nuestro padre Isaac (porque cuando aún* los *mellizos no habían nacido, y no habían hecho nada, ni bueno ni malo, para que el propósito de Dios conforme a su elección permaneciera, no por las obras, sino por aquel que llama), se le dijo a ella:* EL MAYOR SERVIRÁ AL MENOR. *Tal como está escrito:* A JACOB AMÉ, PERO A ESAÚ ABORRECÍ. *¿Qué diremos entonces? ¿Que hay injusticia en Dios? ¡De ningún modo! Porque El dice a Moisés:* TENDRÉ MISERICORDIA DEL QUE YO TENGA MISERICORDIA, Y TENDRÉ COMPASIÓN DEL QUE YO TENGA COMPASIÓN. *Así que no* depende *del que quiere ni del que corre, sino de Dios que tiene misericordia. Porque la Escritura dice a Faraón:* PARA ESTO MISMO TE HE LEVANTADO, PARA DEMOSTRAR MI PODER EN TI, Y PARA QUE MI NOMBRE SEA PROCLAMADO POR TODA LA TIERRA. *Así que del que quiere tiene misericordia, y al que quiere endurece (Rom. 9:9-18).*

Estos son los hechos presentados:

✓ Dos hermanos en un mismo vientre concebidos de un mismo padre y de una misma madre (v. 10).
✓ Hubo una elección de parte de Dios del menor sobre el mayor, contrario a lo acostumbrado por el pueblo hebreo. El mayor serviría al menor (vv. 12-13).
✓ La elección se hizo antes de que los hermanos hubiesen hecho algo bueno o malo (v. 11a).
✓ La elección se hizo para que el propósito de Dios en la elección se cumpliera (v. 11b). La elección se hizo no por las obras; de manera que fue una elección por pura gracia (v. 11c).

Dios amó a Jacob (v. 13a), aunque este engañó a su padre (Gén. 27) y luego a su suegro (Gén. 31); y aborreció a Esaú (v. 13b). Con esto último entendemos que cuando el texto indica que aborreció a Esaú, Dios estaba hablando en términos comparativos. Jacob recibió una gracia especial y Esaú una gracia general. Cuando comparas a ambos parecería que Dios amó a uno y aborreció al otro. Es como cuando el Señor enseñó que debemos aborrecer padre, madre e hijos y si no, no podemos ser sus discípulos (Luc. 14:26). Sin embargo, al mismo tiempo nos ordenó amar a nuestros enemigos. Pero aborrecer a padre y madre en el contexto de la revelación de Dios fue usado por Jesús en términos comparativos. Nuestro amor por Dios debe ser tan superior a cualquier otro amor que nuestro amor por padre y madre podría ser catalogado de "aborrecimiento".

Ciertamente, Jacob recibió un trato especial sobre su hermano Esaú.[6] Eso parecería ser injusto, a lo que Pablo responde: "¿Qué diremos entonces? ¿Que hay injusticia en Dios? ¡De ningún modo! Porque El dice a Moisés: TENDRÉ MISERICORDIA DEL QUE YO TENGA MISERICORDIA, Y TENDRÉ COMPASIÓN DEL QUE YO TENGA COMPASIÓN. Así que no *depende* del que quiere ni del que corre, sino de Dios que tiene misericordia" (Rom. 9:14-16). Con esto Dios hace referencia a que Él ya había hablado a Moisés en términos similares.

En toda la historia bíblica hay un Dios que escoge a uno sobre otro por razones desconocidas para nosotros. Dios eligió a Abraham cuando este no le buscaba (Jos. 24:2-3). ¿Por qué no eligió a su hermano o a su padre? Porque Dios es soberano en la elección. Dios eligió al pueblo judío como nación santa (Deut. 7). ¿Por qué no a otra nación? Porque Dios es soberano en Su elección. Dios eligió a los profetas, y de Jeremías leemos que Dios lo eligió desde antes de ser concebido (Jer. 1:5) y Pablo dice algo similar de sí mismo (Gál. 1:15). Cada uno de los profetas fue elegido mientras otros personajes que vivían y trabajaban junto a ellos fueron pasados por alto. La experiencia de los apóstoles no fue diferente. Cristo habló con respecto a esta elección en Juan 15:16a: "Vosotros no me escogisteis a mí, sino que yo os escogí a vosotros..."

No entendemos los caminos misteriosos e insondables de Dios; pero no podemos dejar de enseñar aquello que es absolutamente claro en Su Palabra. Lo que ha sido revelado lo pasamos a la próxima generación. Lo que permanece oculto lo aceptamos como algo que pertenece al consejo secreto de Dios (Deut. 29:29). Lo que entendemos, lo explicamos a otros. Lo que no entendemos, lo creemos y lo repetimos tal cual está en Su Palabra para no distorsionar lo revelado. Pero sin lugar a dudas: "Por gracia habéis sido salvados" (Ef. 2:5).

---

[6]Ibíd., 17- 26.

La razón de nuestra salvación

De acuerdo a Efesios 2, la razón por la que Dios decidió salvarnos no radica en nosotros, sino exclusivamente en la benevolencia de Su ser. El texto de Efesios 2 que citamos al inicio de este capítulo revela con claridad las motivaciones de nuestra salvación: a) las riquezas de la misericordia de Dios, b) el amor incondicional de ese mismo Dios y c) Su gracia infinita. Todo esto lo motivó a darnos salvación cuando estábamos muertos en delitos. Así lo expresa el apóstol Pablo en Efesios 2:4-5:

> *Pero Dios, que es rico en misericordia, por causa del gran amor con que nos amó, aun cuando estábamos muertos en* nuestros *delitos, nos dio vida juntamente con Cristo (por gracia habéis sido salvados).*

Aquí hay tres palabras claves: **misericordia, amor y gracia**.[7] Es muy difícil definir estas tres palabras, y de igual modo podríamos decir que estas tres palabras están íntimamente relacionadas, en especial, en cuanto a nuestra salvación se refiere. Algunos han definido la gracia como recibir aquello que no merezco. No merezco el cielo, pero por gracia Dios me da entrada a Su presencia. La misericordia ha sido definida de forma práctica como no recibir lo que sí merezco. Merecemos la condenación, pero Dios en Su compasión no nos ha enviado allí a aquellos que hemos recibido salvación. Todas las criaturas han sido receptoras de la gracia de Dios desde el mismo momento de su creación. Nada ni nadie obligaba a Dios a crearnos, pero Él quiso compartir Su amor con nosotros. Los ángeles de Dios que no han caído han sido receptores de Su gracia. Pero al no haber pecado, no han tenido la necesidad de ser perdonados por su transgresión a la manera del hombre y por eso decimos que los ángeles no caídos no han sido receptores de misericordia. En ese sentido, podemos señalar que el hombre ha sido receptor tanto de gracia como de misericordia ya que Dios nos ha perdonado el pecado que nos condenaba, si hemos recibido salvación.

Un padre que advierte a su hijo que si desobedece será castigado y, luego que este niño desobedece, el padre decide no castigarlo, ha tenido misericordia hacia su hijo. Pero si luego de perdonarlo le ofreciera a su hijo un helado, está aplicando la gracia al darle algo que él no merecía.

Nosotros tenemos dificultad para concebir una salvación por gracia porque estamos muy acostumbrados a pagar por todo lo que hacemos. Trabajamos y recibimos un salario; hacemos un gran esfuerzo y recibimos una medalla al final de una competencia. Nos esforzamos al estudiar y al trabajar para escalar posiciones. Después de todo esto, cuando Dios nos ofrece Su salvación libre de costo, por gracia, no entendemos y ni siquiera queremos recibirla.

---

[7] John MacArthur, Jr., *Ephesians* (Chicago, IL: Moody Press, 1986), 58-59.

En Efesios 2:4, Pablo nos dice cuál es la razón por la que Dios es misericordioso con nosotros: por el gran amor con que nos amó. Y ese amor con que Él nos amó dio como resultado tres cosas según Efesios 2:

✓ Dios nos dio vida juntamente con Jesús (5b).
✓ Dios nos resucitó juntamente con Él (6a).
✓ Dios nos sentó en los lugares celestiales (6b).

Ese amor de Dios tiene características especiales. Podríamos comenzar diciendo que es incondicional, eterno e incomprensible.

El amor de Dios es incondicional

Eso implica que no hay ninguna condición en mí por la cual Dios deba amarme. Dios me ama simplemente porque Él decidió amarme. El amor de Dios para con nosotros depende de Dios solamente.

Cuando nos enamoramos de alguien y comenzamos a amar a esa persona, en primer lugar nos atrae su físico y, eventualmente, serán otras cualidades que encontramos en esa persona. Son cualidades que nos atraen. Pero el amor con el que Dios me ha amado es muy diferente. Dios me amó cuando yo estaba muerto en delitos y pecados. Si has estado en una funeraria, habrás visto lo pálida e inmóvil que luce una persona muerta. Nadie se va a enamorar de una persona muerta porque luce sin vida. Sin embargo, cuando lucíamos así, sin vida, Dios, que es rico en misericordia, nos amó. Es aún más que eso porque la Palabra de Dios dice que éramos Sus enemigos antes de conocerlo y, sin embargo, Dios nos amó (Rom. 5:10). Y ¿cómo es eso posible? Porque el amor de Dios no depende de ninguna condición inherente en nosotros, sino solo de Su carácter.[8]

El amor de Dios es eterno

Jeremías 31:3 revela: *"Con amor eterno te he amado, por eso te he atraído con misericordia"*. Su amor motiva Su gracia. No ha habido un solo momento en que Dios no nos haya tenido en Su mente y por eso nos ha amado desde siempre. Dios en Su omnisciencia nos ha visto desde antes de fundar el mundo y nos eligió precisamente desde antes de su fundación (Ef. 1), basado en Su voluntad soberana y motivado por Su amor eterno que lo llevó a vernos con gracia a pesar de nuestros pecados. En ocasiones hemos oído a alguien decir: "Pastor, estoy pensando en divorciarme de mi esposa porque ya no la amo". Realmente tendríamos que preguntarnos si esa persona verdaderamente amó a su esposa en el pasado. Uso este ejemplo simplemente para ilustrar cuán diferente es el amor de Dios que no cambia y que es eterno, lo cual implica que lo que fue en la eternidad pasada será en la eternidad futura.

---

[8] Leon Morris, *Reflections on the Gospel of John, Vol. 1* (Grand Rapids, MI: Baker Books, 1986), 98-99.

El amor de Dios es dadivoso o altruista

El amor de Dios es diferente al nuestro porque la mayoría de nosotros amamos por necesidad. "Te amo porque te necesito", decimos. "Te amo porque no puedo vivir sin ti". "Te amo porque tú me haces sentir bien". "Te amo porque sin ti me siento solo". Todas esas frases expresan un amor egoísta del ser humano. Amamos porque necesitamos a esa otra persona. El amor de Dios es muy distinto. Dios me ama sin necesitarme. Dios me ama sin precisar mi compañía porque Dios no ama por necesidad. Dios ama porque quiere dar y quiere compartir conmigo lo que Él es; lo que Él tiene y que yo no tengo. El amor humano piensa en lo que el otro puede dar. El amor de Dios piensa en lo que Su amor puede dar. Por eso dice Juan 3:16: "Porque de tal manera amó Dios al mundo, que dio a su Hijo unigénito, para que todo aquel que cree en El, no se pierda, mas tenga vida eterna".

Podríamos ilustrar el amor de Dios de la manera que C. S. Lewis trató de hacerlo en una ocasión. Él explicaba y decía que si usted es abandonado por su cónyuge, a usted le va a doler porque usted ha perdido algo. Pero si usted abandona a Dios, a Dios le duele también, pero no porque Él haya perdido algo, sino porque usted ha perdido algo. Nosotros amamos al otro, e incluso a Dios, porque tenemos algún provecho que obtener; pero Dios no nos ama porque Él obtiene algún provecho al hacerlo, sino porque yo tengo algún provecho que recibir de Él. Dios quiere cambiar en nosotros esa forma interesada de ser y de vivir. El amor de Dios es el único amor altruista.

El amor de Dios es incomprensible

Yo no entiendo cómo Dios nos ama conociendo todo lo que Él conoce de nosotros. Cuando uno comienza a amar a alguien, solo conoce lo que esa persona le cuenta. Pero cuando Dios nos ama, Él lo hace conociendo lo peor de nosotros. Y nos ama así, con amor eterno. Eso implica que Dios comenzó a amarme antes de que los tiempos comenzaran, y también implica que Él nunca dejará de amarme, aun cuando peco. Cuando peco, Dios me disciplina y a veces Su disciplina puede ser severa; pero Hebreos 12 señala que la disciplina de Dios es evidencia de que soy Su hijo porque Dios disciplina a todo el que Él ama.

En Efesios 2:5-6, Pablo declara que Dios nos dio vida juntamente con Cristo, que nos resucitó junto con Él y que nos sentó en los lugares celestiales. Pero el versículo 7 señala por qué Dios ha hecho todo eso: "a fin de poder mostrar en los siglos venideros las sobreabundantes riquezas de su gracia por *su* bondad para con nosotros en Cristo Jesús". Las riquezas de Su gracia alcanzarán su máxima expresión cuando entremos en gloria, pero aún hoy Dios nos está enseñando las riquezas de Su gracia. Cada cosa que tenemos es producto de la gracia de Dios. La comida que tendrás hoy es fruto de que Dios ha hecho llover en el campo para que crecieran los alimentos y es fruto de la provisión de Dios para contigo. Hoy, millones de personas se acostarán sin haber comido. Y probablemente, si estás leyendo este libro, tú no serás uno de ellos. Eso es gracia.

Las características de la gracia de Dios

De la misma forma que mencionamos varias características del amor de Dios, podemos asimismo caracterizar la gracia de Dios de diferentes maneras.

La gracia de Dios es inmerecida

La definición misma del concepto de la gracia excluye todo mérito. Si alguien es contratado por un salario de 2000 dólares mensuales, al final del primer mes, el trabajador espera recibir 2000 dólares. Eso sería lo justo. Pero si la persona que lo contrató, le entrega al empleado 2500 al final del mes, en esa cantidad hay un extra de 500 que el empleado estaría recibiendo por gracia. Pero el empleado no recibe 2000 por gracia, sino por justicia. Este ejemplo nos ayuda a entender lo que es la gracia y lo que es la justicia. La Palabra de Dios declara en más de un pasaje que la salvación es por gracia (Ef. 2:1-10; Rom. 9; 11:1-8). No hemos hecho nada para que podamos ser considerados merecedores de la gracia impartida sobre nosotros, los seres humanos. Notemos que mencioné seres humanos en vez de referirme exclusivamente a los hijos de Dios. Y eso se debe a que todos los seres humanos hemos sido beneficiados con Su gracia. En teología hablamos de la gracia común de Dios recibida por todos los seres humanos y la gracia especial recibida por un grupo selecto.

La gracia común y la gracia especial de Dios[9]

La gracia común de Dios es aquella que reciben todos los seres humanos independientemente de que sean creyentes o no. Es esa gracia común la que hace que el sol salga y la lluvia caiga sobre buenos y malos (Mat. 5:45). Mientras que la gracia de Dios es general para todos, para algunos es especial, tal como vemos en Lucas 4:25-27:

> *Pero en verdad os digo: muchas viudas había en Israel en los días de Elías, cuando el cielo fue cerrado por tres años y seis meses y cuando hubo gran hambre sobre toda la tierra; y sin embargo, a ninguna de ellas fue enviado Elías, sino a una mujer viuda de Sarepta, en la tierra de Sidón. Y muchos leprosos había en Israel en tiempos del profeta Eliseo, pero ninguno de ellos fue limpiado, sino Naamán el sirio.*

Dios decidió no enviar a Elías a las viudas de Israel, sino a una viuda en Sarepta, de la tierra de Sidón. Y el pasaje agrega que en los mismos tiempos había muchos leprosos en Israel y ninguno de ellos fue sanado, sino Naamán el sirio. Eso es gracia especial. Es gracia especial porque Dios decidió enviar

---

[9] Para más información, véase James Montgomery Boice, *Romans, Vol. 1* (Grand Rapids, MI: Baker Books, 2005), 357-62.

a Su profeta a una viuda gentil y no a las viudas judías. Especial, en este contexto, significa que unos la reciben y otros no.

La gracia de Dios es soberana[10]

Esto es algo que Dios reveló a Moisés en una etapa temprana de la historia redentora: "tendré misericordia del que tendré misericordia, y tendré compasión de quien tendré compasión" (Ex. 33:19). Sin embargo, el hombre se irrita cuando ve la soberanía de la gracia de Dios en acción. Observemos la respuesta del ser humano ante la explicación de Jesús sobre la sanación de Naamán, el sirio, y la alimentación de la viuda de Sarepta mencionados en el texto de más arriba:

> *Y todos en la sinagoga se llenaron de ira cuando oyeron estas cosas, y levantándose, le echaron fuera de la ciudad, y le llevaron hasta la cumbre del monte sobre el cual estaba edificada su ciudad para despeñarle* (Luc. 4: 28-29).

El ser humano en su orgullo no tolera que la gracia de Dios sea soberana. En teología hablamos de que Dios es simple (no simplista). Esto implica que Dios no es divisible como pudiera dividirse una computadora en piezas. Si Dios no es divisible, entonces, lo que Dios es, lo es a través de todo Su ser. Si Dios es santo, eso implica que todos Sus atributos son santos: Su amor, Su poder, Su sabiduría, etc. De esa misma manera si Dios es soberano, eso implica que Su gracia es soberana.

Reflexión final

Dios creó al hombre para vivir en relación estrecha con Él. Pero el hombre pecó y se alejó de Dios y desde entonces ha dado evidencias de la maldad que se esconde en su corazón. Por medio de Su Hijo, Dios ha ofrecido un camino de salvación a personas que no merecen dicha salvación y que nunca han deseado transitar por los caminos de Dios. Los hombres han rechazado la oferta de Dios y, en cambio, han preferido construir un camino conforme a sus propias obras que les procuren la salvación de su alma, pero a su manera y donde ellos puedan sentir que colaboraron en su salvación.

Pero todas las obras de ese hombre caído siempre han estado manchadas por el pecado porque todas sus facultades: su mente, su corazón, sus emociones, su voluntad quedaron teñidas y sumergidas por los efectos del pecado. La condición moral de ese hombre que continuamente peca contra Dios no es merecedora de salvación y, sobre todo, cuando ese hombre ni siquiera busca a Dios (Rom. 3:11). Pero Dios, que es rico en misericordia, se ha apiadado de nosotros y nos ha otorgado una salvación basada exclusivamente en Su gracia (Ef. 1:1-14) y en Su amor incondicional y eterno (Jer. 31: 3).

---

[10] Para más información, véase R. C. Sproul, *Chosen by God* (Carol Stream, IL: Tyndale House Publishers, 1986), 125.

Para muchos, la gracia de Dios es solo el atributo a través del cual Dios nos perdona o ejerce misericordia hacia nosotros; no ven que la gracia de Dios es un principio operativo poderoso, capaz de lograr cada una de las cosas que Dios se propone, incluyendo nuestra salvación. Por eso, Su gracia ha sido llamada irresistible. Veamos.

6

Gracia irresistible

"Nadie puede venir a mí si no lo trae el Padre
que me envió, y yo lo resucitaré en el día final".

Juan 6:44

INTRODUCCIÓN

Ya hemos hablado acerca de la salvación por medio de la gracia de Dios; ahora dedicaremos la atención a ver cuán efectiva es Su gracia cuando Dios decide depositar esa gracia sobre alguien, especialmente en lo referente a la salvación. Nuestro Dios es quien opera conforme a una gracia a la cual muchas veces nosotros no sabemos cómo responder. Al principio, entender la doctrina de la gracia irresistible de Dios nos asusta porque concebimos inmediatamente a un Dios que en el ejercicio de Su soberanía convierte a las criaturas en robots. Si olvidamos por un momento que nuestro Dios es sabio, omnipotente y completamente santo, entonces nunca veremos Sus acciones como justas y buenas. Si creemos en ese Dios como acabamos de describirlo, entonces caeremos de rodillas y diremos: "Señor, gracias, porque ¿quién soy yo para que me hayas tratado de la manera como me has tratado?".

ENTENDIENDO LA GRACIA: UNA DEFINICIÓN

Aunque anteriormente definimos "gracia de Dios" es bueno recordarlo al inicio de este capítulo. Simplemente, la gracia de Dios es Su favor inmerecido hacia personas destituidas de Su gloria. La gracia de Dios es todo favor, todo bien, toda benevolencia que hemos recibido de parte de Dios, reconociendo cuán inmerecido ha sido dicho favor. Reflexionemos por un momento sobre esta cita de Oswald Chambers:

> *Hay en los seres humanos un cierto orgullo, que los lleva a dar y a dar, pero venir y aceptar un don [regalo] es algo muy distinto. Yo daré mi vida al martirio; yo dedicaré mi vida al servicio, yo haré lo que sea. Pero no me humilles al nivel de pecador merecedor del*

infierno ni me digas que todo lo que he de hacer es aceptar el don [regalo] de la salvación por medio de Jesucristo[1].

Nosotros damos pero al final hay cierto orgullo, como dice Chambers, cuando decimos: 'yo puedo', 'yo quiero', 'yo hago lo que otros no hacen', 'y mira como yo doy con gozo', etc. Cuando damos, muchas veces escondemos orgullo. Con esa misma actitud, aunque muchas veces de modo subconsciente, tratamos de entender la salvación. A manera de testimonio puedo decir que cuando descubrí las doctrinas de la gracia mis preguntas fueron: ¿No tiene el hombre *alguna* participación? ¿*Ninguna* colaboración? ¿*Ningún* crédito? ¿*Ningún* mérito? Nosotros quisiéramos aunque sea un 1% de participación. Pero si nosotros tuviéramos algo de participación en la salvación, ya no sería gracia.

No podemos olvidar que la salvación es un don de Dios; un regalo de Dios, y es por gracia, a través de la fe, para que nadie se gloríe (Ef. 2:9). No recuerdo haber recibido nunca un regalo que yo mismo eligiera. Lo usual es que la persona que quiere beneficiar al otro compre un regalo y, sin consultar, lo entregue.

GRACIA: COMÚN Y ESPECIAL

Nosotros distinguimos en el estudio de la teología bíblica lo que ha sido llamado gracia común y gracia especial. No es una doctrina o una enseñanza creada por el hombre. Está claramente revelada en la Palabra.

Gracia común es el favor que Dios hace llegar a los hombres de manera general. John Murray define la gracia común como "cualquier favor de cualquier manera o grado, exceptuando la salvación, que este mundo inmerecido y maldito disfruta a expensas de la mano de Dios."[2] Por tanto esa gracia común puede ser vista de varias maneras. En ocasiones, conocemos a alguien que es bondadoso por naturaleza sin ser cristiano. En esos casos, esa bondad es parte de la gracia común que Dios ha dado a los hombres como portadores de Su imagen. En la Palabra de Dios encontramos otras expresiones de la gracia de Dios como en Mateo 5:45: "porque El hace salir su sol sobre malos y buenos, y llover sobre justos e injustos". Unos y otros en estos casos son beneficiarios de la gracia de Dios. Pero por otro lado y por razones que no entendemos, Dios ha dado a Sus elegidos una gracia especial y por eso encontramos expresiones como: "a Jacob amé, mas a Esaú aborrecí".

LA IRRESISTIBILIDAD DE DIOS

A lo largo de la revelación bíblica vemos como la intervención de Dios en nuestro mundo, siempre ha sido irresistible al final de la historia. En otras palabras, el ser humano puede iniciar una resistencia a Dios como lo hizo

---

[1] Oswald Chambers, "Las riquezas de los destituidos", *En pos de lo Supremo*, ed. act., ed. James Reimann (Barcelona, España: Editorial CLIE, 1993), entrada del día 28 de noviembre.
[2] Citado por John Frame en *Systematic Theology: An Introduction to Christian Belief* (Phillipsburg, NJ: P&R Publishing Company, 2013), 247.

Jonás. Sin embargo, si la intención de Dios es lograr algo, la resistencia del hombre nunca podrá detener la acción de Dios. Quizás nunca hayas reflexionado sobre este tema o tal vez lo has pasado por alto, pero ahora veremos con claridad cuán irresistible es el poder de Dios y Sus propósitos. Observemos algunos de estos pasajes a manera de ilustración antes de ver directamente la gracia irresistible de Dios. En Génesis 1:3 leemos: "Entonces dijo Dios: Sea la luz. Y hubo luz". La nada respondió a la voz de Dios y esa nada produjo todo "de modo que lo que se ve no fue hecho de cosas visibles" (Heb. 11:3). La omnipotencia de Dios y Su deseo de lograr algo interactuaron y el mundo fue creado "*ex-nihilo*", de la nada.

El Evangelio de Juan nos habla de la resurrección de Lázaro después de cuatro días de estar enterrado y después que ya olía mal. Y aún así cuando Jesús se para frente a la tumba y dice: "¡Lázaro ven fuera!", Lázaro sale. ¿Por qué respondió la nada a la voz de Dios al momento de la creación? Porque la voz de Dios es irresistible y lo mismo ocurrió con Lázaro.

Cuando llama a Sus discípulos, vemos nuevamente cuán irresistible fue el llamado de Dios: "Cuando Jesús se fue de allí, vio a un hombre llamado Mateo, sentado en la oficina de los tributos, y le dijo: ¡Sígueme! Y levantándose, le siguió" (Mat. 9:9). Es extraordinario. Mateo estaba sentado recolectando impuestos para ganarse la vida y Jesús viene súbitamente y le dice "Sígueme". Y Mateo deja la mesa, deja el dinero y sigue a Jesús. ¿Qué pensaría la gente que vio a Mateo hacer esto? ¿Qué pensaron sus jefes? Algo similar ocurrió con Pedro, Juan y Jacobo que dejaron sus redes cuando Jesús los llamó. La irresistibilidad de la voz de Dios es algo que vemos a lo largo de toda la Biblia.

Algo similar sucedió cuando Jesús estuvo en medio de la tormenta con Sus discípulos. Dice la narración de Marcos 4:39: "Y levantándose, reprendió al viento, y dijo al mar: ¡Cálmate, sosiégate! Y el viento cesó, y sobrevino una gran calma". La nada no pudo resistir Su voz y al escucharla formó todo cuanto existe, y luego, esa misma naturaleza creada responde de igual manera al sonar de Su voz.

Dios ha declarado que Él es omnipotente y esto implica que nada puede detener Su mano. Si algo pudiera resistirse, Dios dejaría de ser omnipotente. La palabra omnipotente implica que no hay nada que Él desee hacer que no pueda hacer, como Él mismo lo declara: "Y todos los habitantes de la tierra son considerados como nada, mas El actúa conforme a su voluntad en el ejército del cielo y *entre* los habitantes de la tierra; nadie puede detener su mano, ni decirle: '¿Qué has hecho?'" (Dan. 4:35). Si comparamos a un insecto con el ser humano podríamos ver cuán omnipotentes luciríamos; pero aún así la comparación entre nosotros y Dios se queda corta porque nosotros somos criaturas y Él es Creador.

Gracia irresistible: lo que no significa

Cuando nos referimos a la gracia irresistible de Dios no queremos insinuar que nadie puede resistir Su gracia por un tiempo. Hay momentos en que Dios permite que el hombre lo resista hasta que Él decida hacer irresistible

Su gracia, en cuyo caso Su gracia se vuelve operativa.[3] Claramente Dios nos advierte en Su Palabra del peligro de resistir la acción del Espíritu Santo. En Hechos 7:51, leemos acerca de Esteban cuando era apedreado, y en medio de su sermón acusatorio, les dice: "Vosotros, que sois duros de cerviz e incircuncisos de corazón y de oídos, resistís siempre al Espíritu Santo; como hicieron vuestros padres, así también hacéis vosotros". La pregunta que necesitamos hacernos es ¿Hasta dónde? ¿Hay un límite para esa resistencia? Sí, lo hay, como veremos más adelante.

Algo similar leemos en Hebreos 3:7-9 que se refiere a la misma trayectoria del pueblo en el desierto: "Por lo cual, como dice el Espíritu Santo: Si oís HOY SU VOZ, NO ENDUREZCÁIS VUESTROS CORAZONES, COMO EN LA PROVOCACIÓN COMO EN EL DÍA DE LA PRUEBA EN EL DESIERTO, DONDE VUESTROS PADRES ME TENTARON AL PONERME A PRUEBA, Y VIERON MIS OBRAS POR CUARENTA AÑOS". Entonces podemos ver claramente que hay una resistencia a la acción del Espíritu que el ser humano puede ejercer.

Cuando Jonás fue llamado a evangelizar a Nínive decidió oponerse a los planes de Dios hasta el punto de tomar una embarcación para ir en la dirección opuesta de donde estaba la ciudad. Dios lo permite, pero en medio de su huida, levanta una tormenta que motiva a los compañeros de Jonás a tirarlo por borda al mar después que el mismo Jonás confesara que su desobediencia a Dios era la causa de dicho fenómeno. Jonás es tragado por un pez grande que lo 'vomitó' en la costa para que fuera a predicar a los ninivitas. De acuerdo a Jonás 2:10, Dios dio una orden al pez para que hiciera tal cosa. "La ballena es forzada por un poder divino y secreto y es movida a hacer aquello que le parece bueno a Él [Dios]."[4] A pesar de la mala voluntad de Jonás, el mensaje es predicado y toda Nínive se convierte. Jonás no consideraba a los ninivitas como dignos de salvación. Por tanto él quiso oponerse a la gracia de Dios para con ellos. El logró hacerlo, pero solo por un corto tiempo.

Un ejemplo sencillo puede ilustrar lo que estamos tratando de comunicar. Un padre puede pulsear con su hijo de diez años. Las veces que vemos este juego entre padres e hijos pequeños, vemos al niño esforzarse y parece, por un tiempo, que le está ganando a su padre hasta que el padre decide intervenir y vence a su opositor. De igual manera nuestro Dios permite que nosotros nos opongamos a Su trabajo hasta que finalmente Él interviene y vence nuestra oposición.

GRACIA IRRESISTIBLE: DEFINICIÓN

Dios puede superar la resistencia del hombre si así lo desea. Dios puede superar la resistencia del hombre no importa cuán severa, poderosa, o grande pueda ser su resistencia ante Dios. Él la puede superar; y eso ha declarado

---

[3] Ibíd., 145.
[4] C. F. Keil y F. Delitzsch, *Minor Prophets*, Vol. 10 de Commentary on The Old Testament, (Peabody, MA: Hendrickson Publishers, Inc., 1996), 272-73.

en la Palabra. Daniel 4:35 declara: "Y todos los habitantes de la tierra son considerados como nada, mas El actúa conforme a su voluntad en el ejército del cielo y *entre* los habitantes de la tierra; **nadie puede detener su mano**, ni decirle: '¿Qué has hecho?'". (Énfasis agregado).

Podemos ver también la resistencia inicial en la vida de Faraón y el final de esa resistencia que Dios permite. Dios instruyó a Moisés para que dijera a Faraón: "Deja ir a mi pueblo para que me celebre fiesta en el desierto" (Ex. 5:1). Faraón resistió la voz durante nueve plagas. Pero después de la novena esto es lo que Dios reveló: "Y el SEÑOR dijo a Moisés: Una plaga más traeré sobre Faraón y sobre Egipto, después de la cual os dejará ir de aquí. Cuando os deje ir, ciertamente os echará de aquí completamente" (Ex. 11:1). Así anunció Dios el final de Su paciencia y el final de esa resistencia humana. Y así ocurrió. A eso nos referimos cuando afirmamos que la gracia o el poder de Dios son irresistibles. Dios puede vencer al hombre cada vez que así lo desee y el salmista también lo declara: "Nuestro Dios está en los cielos; El hace lo que le place" (Sal. 115:3).

Cuando nos encontramos con estos pasajes, esas verdades no nos producen tranquilidad porque como dicen algunos: 'el ladrón juzga por su condición.' Si nosotros hiciéramos todo cuanto nos place, acarrearíamos grandes problemas para nosotros y para otros. Porque no somos Dios; no somos santos; no somos justos; no somos sabios; no somos omniscientes. Eso es justamente lo que Dios le reprocha al hombre en el Salmo 50:21: "Estas cosas has hecho, y yo he guardado silencio; **pensaste que yo era tal como tú**; *pero* te reprenderé, y delante de tus ojos expondré *tus delitos*". (Énfasis agregado). Cuando Dios obra, Sus acciones no solo traen gloria a Su nombre, sino también traen bendiciones a Su pueblo. Hemos humanizado a Dios y, frecuentemente, lo concebimos como nosotros somos y es ahí donde se nos hace difícil admitir ciertos aspectos de la revelación de ese Dios. Cuando pensamos en Su soberanía, vienen a nuestra mente recuerdos de los dictadores y emperadores del pasado. Cuando el salmista dice que "Dios hace lo que le place", no podemos evitar pensar en un Hitler o alguien similar. Pero Dios no es como nosotros. "De la manera que el hombre es dentro de sí, así es también la concepción que él tiene de su Dios."[5]

GRACIA IRRESISTIBLE DE DIOS EN EL ANTIGUO TESTAMENTO

Quizás ninguna otra historia de la Biblia ilustre tan bien el concepto de la gracia irresistible de Dios como aquella que aparece en Números 22. A continuación el pasaje con algunos comentarios que he intercalado y aparecen entre corchetes:

> *Y Balaam se levantó muy de mañana, aparejó su asna y se fue con los jefes de Moab. Pero Dios se airó porque él iba, y el ángel*

---

[5] C. F. Keil y F. Delitzsch, *Psalms,* Vol. 5 de Commentary on The Old Testament (Peabody, MA: Hendrickson Publishers, Inc., 1996), 362.

del SEÑOR *se puso en el camino como un adversario contra él [Dios trata de detener a Balaam por medios humanos]. Y* Balaam *iba montado sobre su asna, y sus dos sirvientes con él. Cuando el asna vio al ángel del* SEÑOR *de pie en el camino con la espada desenvainada en la mano, el asna se salió del camino y se fue por medio del campo; pero Balaam golpeó el asna para hacerla volver al camino [Dios se le apareció a Balaam, pero Balaam no lo está viendo, y el asna sí lo ve]. Entonces el ángel del* SEÑOR *se puso en una senda estrecha de los viñedos, con una pared a un lado y otra pared al otro lado. Al ver el asna al ángel del* SEÑOR, *se pegó contra la pared y presionó el pie de Balaam contra la pared; entonces él la golpeó otra vez. Y el ángel del* SEÑOR *se fue más lejos, y se puso en un sitio estrecho donde no había manera de volverse ni a la derecha ni a la izquierda [Ya Dios comienza a frenar la resistencia de Balaam]. Y viendo el asna al ángel del* SEÑOR, *se echó debajo de Balaam; y Balaam se enojó y golpeó al asna con su palo. Entonces el Señor abrió la boca del asna, la cual dijo a Balaam [¿Puede ver la gracia irresistible de Dios?]*

¿Qué te he hecho yo que me has golpeado estas tres veces? [Balaam está tan fuera de sí que se pone a hablar con la burra y no le llama la atención que la burra esté hablando]. Y Balaam respondió al asna: Porque te has burlado de mí. Ojalá tuviera una espada en mi mano, que ahora mismo te mataba. *Y el asna dijo a Balaam: ¿No soy yo tu asna, y sobre mí has cabalgado toda tu vida hasta hoy? ¿He tenido la costumbre de portarme así contigo? Y él dijo: No. Entonces el* SEÑOR *abrió los ojos de Balaam, y él vio al ángel del* SEÑOR *de pie en el camino, con la espada desenvainada en su mano, e inclinándose, se postró rostro en tierra; y el ángel del* SEÑOR *le dijo: ¿Por qué has golpeado a tu asna estas tres veces? Mira, yo he salido como adversario, porque tu camino me era contrario; pero el asna me vio y se apartó de mí estas tres veces. Si no se hubiera apartado de mí, ciertamente yo te hubiera matado ahora mismo, y a ella la hubiera dejado vivir. Y Balaam dijo al ángel del* SEÑOR: *He pecado, pues no sabía que tú estabas en el camino para enfrentarte a mí. Pero ahora, si te desagrada, me volveré. El ángel del* SEÑOR *respondió a Balaam: Ve con los hombres, pero hablarás sólo la palabra que yo te diga. Y Balaam se fue con los jefes de Balac (Núm. 22:21-35).*

Vemos claramente la gracia irresistible de Dios en esta historia. De no haber obrado la gracia de Dios, Él hubiese dado muerte a Balaam inmediatamente. Si la gracia de Dios no fuera irresistible, Balaam hubiese continuado su camino. Lo único que Dios tuvo que hacer para vencer la resistencia de Balaan fue abrir sus ojos. Y cuando sus ojos fueron abiertos, Balaam se comportó de la misma manera que el asna se detuvo. La imagen de Dios fue tan imponente que eso solo fue suficiente para que las cosas comenzaran a cambiar. Dios ha declarado:

[Yo soy el] que declaro el fin desde el principio y desde la antigüe-
dad lo que no ha sido hecho. Yo digo: "Mi propósito será establecido, y
todo lo que quiero realizaré." Yo llamo del oriente un ave de rapiña, y
de tierra lejana al hombre de mi propósito. En verdad he hablado, cier-
tamente haré que suceda; lo he planeado, así lo haré" (Isa. 46:10-11).

De no ser así, las profecías no existirían. No podrían existir. La razón por la que las profecías se cumplen no es simplemente porque Dios es omnisciente y por tanto conoce lo que va a ocurrir; sino porque Dios es todopoderoso para garantizar que todo cuanto Él desee tenga cumplimiento. "Él puede predecir el futuro porque el futuro es el desarrollo de lo que Él mismo ha determinado."[6] Dios declaró 700-750 años a.C. que una virgen concebiría. Y así aconteció. Él no hubiera podido predecir este nacimiento si no controlara todos los elementos de la vida del hombre, de tal forma que nadie pudiera frenar Sus propósitos. De lo contrario Satanás y el hombre hubieran frenado Sus propósitos múltiples veces a lo largo del camino y Sus profecías se habrían frustrado. Pero nadie puede frustrar Sus profecías porque nadie puede detener Su mano.

Gracia irresistible: implicaciones

La gracia irresistible implica que cuando Dios deposita Su gracia sobre una persona, porque esta ha sido elegida por Él desde la eternidad pasada, esa persona sobre la cual la gracia está operando responde al escuchar el evangelio. Esa persona es regenerada por el mensaje que escuchó y al mismo tiempo recibe vida eterna. En un solo evento, la persona escucha, entiende, responde al mensaje, es regenerada y recibe vida eterna.[7]

Eso le ocurrió al eunuco del cual habla Lucas en el libro de Hechos. Felipe se acerca corriendo al carruaje del eunuco y lo escucha leer al profeta Isaías; específicamente el capítulo 53. Felipe le pregunta si lo entiende y él responde que no, a menos que alguien se lo explique.

Entonces Felipe abrió su boca, y comenzando desde esta Escritura, le
anunció el evangelio de Jesús. Yendo por el camino, llegaron a un lugar
donde había agua; y el eunuco dijo: Mira, agua. ¿Qué impide que yo
sea bautizado? Y Felipe dijo: Si crees con todo tu corazón, puedes. Res-
pondió él y dijo: Creo que Jesucristo es el Hijo de Dios. Y mandó parar
el carruaje; ambos descendieron al agua, Felipe y el eunuco, y lo bauti-
zó. Al salir ellos del agua, el Espíritu del Señor arrebató a Felipe; y no
lo vio más el eunuco, que continuó su camino gozoso (Hech. 8:35-39).

Recomiendo que leas este pasaje por completo en tu Biblia para que puedas ver cuán sobrenatural fue esta intervención y conversión del eunuco.

---

[6] Edward J. Young, *The Book of Isaiah, Vol. 3* (Grand Rapids, MI: Wm. B. Eerdmans Publishing Co., 1972), 227.
[7] Frame, *Systematic Theology*, 145.

LA GRACIA IRRESISTIBLE DE DIOS EN LA SALVACIÓN

Algunos han dicho que Dios no obliga a nadie a creer porque Dios es un caballero. Independientemente de lo que creamos acerca de esta afirmación, lo cierto es que tan pronto como nosotros usamos lenguaje humano para aplicarlo a Dios sin ninguna calificación de lo que queremos decir, comenzamos a encontrar problemas para entender a Dios. En la historia de Balaam que relatamos más arriba, vemos claramente cómo Balaam ejerció su propia voluntad una vez que Dios abrió sus ojos. Lo único que Dios tiene que hacer es abrir los ojos del hombre y permitirle ver las cosas como Él las ve. Ocurrido esto, el hombre reaccionará adecuadamente. Cuando Pablo llegó al área de la ciudad de Filipos, se fue a orillas de un río y allí se encontró con una mujer de nombre Lidia y esto es lo que leemos acerca de ella: "Y estaba escuchando cierta mujer llamada Lidia, de la ciudad de Tiatira, vendedora de telas de púrpura, que adoraba a Dios; y el Señor abrió su corazón para que recibiera lo que Pablo decía" (Hech. 16:14). Había otras mujeres allí, pero de una forma milagrosa, la gracia de Dios operó en Lidia y ella puedo discernir lo que no puede ser discernido si no es espiritualmente (1 Cor. 2:14) y al discernirlo, creyó. Dios no obligó a Lidia; simplemente le permitió entender Su verdad poderosa por medio de la cual el hombre nace de nuevo. "Pablo habló, Lidia escuchó, pero fue el Señor que abrió (διανοίγω/*dianoigō*) el corazón de Lidia, causando que ella entendiera y aceptara el evangelio."[8]

A esto se refiere Pedro en su primera carta cuando dice "Bendito sea el Dios y Padre de nuestro Señor Jesucristo, quien según su gran misericordia, nos ha hecho nacer de nuevo a una esperanza viva, mediante la resurrección de Jesucristo de entre los muertos" (1 Ped. 1:3). Reflexionemos en esta frase: "nos ha hecho nacer". Para comprender mejor lo que estamos tratando de explicar, pensemos en una mujer embarazada. El niño no nace cuando él se cansa de estar en el vientre sin luz y decide salir a la luz. Si a ese niño lo dejan que ejerza su voluntad, se queda ahí adentro porque él no tiene forma de ejercerla. Pero cuando el útero comienza a contraerse por diseño de Dios, entonces comienza un proceso de nacimiento en el cual el niño es completamente pasivo. El texto de 1 Pedro señala que "Él nos ha hecho nacer" y ciertamente es así como ocurre.

Jesús lo declaró de otra manera y Juan lo recoge en su Evangelio: "Nadie puede venir a mí si no lo trae el Padre que me envió, y yo lo resucitaré en el día final" (Juan 6:44). La palabra traducida como 'traer' en el griego es (ἑλκύω/*helkó)*, que significa atraer, arrastrar, inducir. "En el mundo semítico tiene el concepto de la atracción irresistible de Dios."[9] La palabra puede también significar arrastrar por un poder interno, forzar.[10] Jesús parece estar

---

[8] Eckhard J. Schnabel, *Acts*, Zondervan Exegetical Commentary on The New Testament, ed. Clinton E. Arnold (Grand Rapids, MI: Zondervan, 2012), 681.

[9] Gerhard Kittel y Gerhard Friedrich, eds., *Theological Dictionary of the New Testament*, ed. abr. por Geoffrey W. Bromiley (Grand Rapids, MI: Wm. B. Eerdmans Publishing Co., 1985), 227.

[10] Joseph H. Thayer, *Thayer's Greek-English Lexicon of The New Testament* (Peabody, MA: Hendrickson Publishers, Inc., 2014), 204.

diciendo que nadie puede venir a Él si no lo arrastra o lo atrae irresistible-mente Su Padre. Al leer estas palabras, podría darnos la impresión de que Dios nos arrastra en contra de nuestra voluntad. Pero en realidad, cuando Dios nos abre los ojos y regenera nuestro espíritu, en ese momento pasamos a tener una nueva disposición interna que nos hace desear a Dios, y habiendo sido regenerados decidimos poner nuestra confianza en Él. En el proceso de la regeneración, el nuevo nacimiento se da primero y el depositar la confianza en Cristo, después. Pero todo ocurre en un solo evento, en un mismo día. Nosotros ejercitamos una voluntad que ha sido cambiada. Jesús enfatiza Sus enseñanzas con estas palabras:

> *Pero hay algunos de vosotros que no creéis. Porque Jesús sabía des-de el principio quiénes eran los que no creían, y quién era el que le iba a traicionar. Y decía: Por eso os he dicho que **nadie puede venir a mí si no se lo ha concedido el Padre**" (Juan 6:64-65; énfasis agregado).*

Si vienes a Jesús es porque te lo ha concedido el Padre. Lo opuesto también puede ser inferido del mismo texto: si no vienes a Jesús, el Padre no lo ha concedido. Si vemos a alguien que genuinamente busca a Dios es porque Dios ha estado obrando de tal manera en su vida que lo ha ido empujando hacia los pies de Jesús. En mi caso, fue la muerte de un hermano piloto de 42 años de edad en un accidente trágico de avión. Esa muerte me empujó a buscar a Dios, como sucedió con otros miembros de mi familia. Jesús refuerza estas ideas en otros pasajes: "Un hombre no puede recibir nada si no le es dado del cielo" (Juan 3:27). No puede recibir nada… esto incluye la salvación. Como tampo-co puede recibir entendimiento de la verdad del evangelio si no le es dado del cielo. La misma idea con otras palabras se expresa en los pasajes siguientes:

Juan 6:37 **"Todo lo que el Padre me da, vendrá a mí**; y al que viene a mí, de ningún modo lo echaré fuera". (Énfasis agregado).

Juan 6:39 **"Y esta es la voluntad del que me envió: que de todo lo que El me ha dado** yo no pierda nada, sino que lo resucite en el día final". (Én-fasis agregado). Esto es importante porque ahora claramente Cristo revela la voluntad del Padre para salvación.

Juan 17:2 "Por cuanto le diste autoridad sobre todo ser humano **para que dé vida eterna a todos los que tú le has dado**". (Énfasis agregado).

El apóstol Pablo lo enseñó de otra manera:

Romanos 9:16 "Así que no *depende* del que quiere ni del que corre, sino de Dios que tiene misericordia". "Este versículo excluye en los términos más claros posibles la idea de que el libre albedrío es el factor fundamental en la elección divina."[11]

No depende del que quiere, no porque Dios se lo esté impidiendo sino porque nadie quiere (Rom. 3:11), y como nadie quiere, no depende entonces

---

[11] Thomas R. Schreiner, *Romans*, Baker Exegetical Commentary on the New Testament, ed. Moisés Silva (Grand Rapids, MI: Baker Academics, 1998), 508.

del que quiere. ¿Entonces de quién depende? De Su misericordia. Y esa es Su gracia irresistible.

EL LLAMADO EXTERNO E INTERNO

En teología hablamos sobre un llamado común o externo y un llamado interno. El llamado externo es el que todo el mundo recibe por medio de la revelación de Dios y es un llamado que ha estado ahí presente a lo largo de toda la humanidad. Ese llamado puede ser resistido. El llamado particular es el llamado que el Espíritu Santo hace cuando llega y regenera el alma, rompe el yugo del pecado que ataba mi voluntad y abre mis ojos al entendimiento. Ese llamado interno no es resistible. Por eso leemos en Mateo 22:14: "Porque muchos son llamados, pero pocos *son* escogidos". Hay una diferencia entre muchos llamados y pocos escogidos. Miremos ahora la aplicación de Mateo 22:14 en Hechos 16:13-14:

> *Y en el día de reposo salimos fuera de la puerta, a la orilla de un río, donde pensábamos que habría un lugar de oración; nos sentamos y comenzamos a hablar a las mujeres que se habían reunido. Y estaba escuchando cierta mujer llamada Lidia, de la ciudad de Tiatira, vendedora de telas de púrpura, que adoraba a Dios; y el Señor abrió su corazón para que recibiera lo que Pablo decía.*

¿Cuántas mujeres oyeron el mensaje de salvación de parte de Pablo? Todas las que estaban allí. Ese es el llamado externo. ¿A cuántas mujeres les abrió Dios su corazón? A una de nombre Lida. Ella recibió el llamado interno entre las mujeres que estaban allí. Todas las que escucharon el mensaje de salvación recibieron gracia común, porque ellas oyeron las buenas nuevas. Pero Lidia recibió una gracia especial.

Dios tuvo que abrir los ojos de Lidia porque:

> *...el dios de este mundo ha cegado el entendimiento de los incrédulos, para que no vean el resplandor del evangelio de la gloria de Cristo, que es la imagen de Dios. Porque no nos predicamos a nosotros mismos, sino a Cristo Jesús como Señor, y a nosotros como siervos vuestros por amor de Jesús. Pues Dios, que dijo que de las tinieblas resplandeciera la luz, es el que ha resplandecido en nuestros corazones, para iluminación del conocimiento de la gloria de Dios en la faz de Cristo (2 Cor. 4:4-6).*

Así como Dios dijo en el principio "sea la luz, y fue la luz", ese mismo Dios es quien luego dice: sea la luz en el corazón del hombre, y así es iluminado su entendimiento y su interior.

Reflexión final

Nosotros estábamos muertos en delitos y pecados (Ef. 2:1) antes de responder al mensaje del evangelio. Pero para responder a ese evangelio tuvimos que volver a la vida, como en el caso de Lázaro, que para responder a las palabras de Jesús: 'sal fuera' tuvo que resucitar primero para luego obedecer. De esa misma manera, Dios tiene que levantarnos de nuestra muerte espiritual para responder a las Buena Nuevas de Su Hijo. Esta es una obra de Dios y no del hombre. Por eso declara Juan 1:12-13: "Pero a todos los que le recibieron, les dio el derecho de llegar a ser hijos de Dios, *es decir*, a los que creen en su nombre, que no nacieron de sangre, ni de la voluntad de la carne, ni de la voluntad del hombre, sino de Dios". La salvación es del Señor, de principio a fin. Única y exclusivamente. Solamente Dios la opera, solamente Dios la da. A nosotros nos queda recibirla.

La mente entenebrecida del hombre, el corazón de piedra y la voluntad esclavizada hacen necesaria la gracia irresistible de Dios para que el hombre pueda recibir salvación.

Cuestionamos a Dios como Job cuestionó a Dios, pero al final Job reveló cuánto desconocimiento de Dios tenía. Lo mismo se puede decir de nosotros. Después de obtener salvación y reconocerlo como Señor y Salvador, tenemos que ser reintroducidos a un Dios soberano, sabio, santo y justo. Prestemos atención a las palabras de Job: "Yo sé que tú puedes hacer todas las cosas, y que ningún propósito tuyo puede ser estorbado" (Job 42:1-2). Ningún propósito puede ser estorbado y eso incluye la salvación de aquellos que Dios eligió desde antes de la fundación del mundo.

La salvación es por gracia a través de la fe. Pero la única razón por la que puede ser por gracia es porque Cristo llenó todos los requisitos de la ley de Dios que nosotros no podíamos llenar y se ofreció sin pecado por el pecado de los hijos de Dios. Por eso la salvación es solo en Cristo, y ese tema es nuestro próximo capítulo de estudio.

7

SOLUS CHRISTUS: salvación en Cristo solamente

"...Yo soy el camino, y la verdad, y la vida;
nadie viene al Padre sino por mí".

Juan 14:6

INTRODUCCIÓN

En un mundo tan inclusivo y tolerante como el nuestro, proclamar a Jesús como el único camino, como la única verdad y como el único acceso al Padre es algo irritante para muchos. Pero la realidad es que ninguno de nosotros se atrevería a hacer pronunciamientos tan excluyentes si Jesús no hubiese sido el originador de estas frases consideradas como pilares de la fe cristiana. El hombre de hoy no cree que la fe cristiana pueda poseer la "única verdad", especialmente dada la influencia del posmodernismo que como movimiento proclama que nadie posee la verdad porque la verdad es relativa a la cultura, los gustos, las preferencias y las opiniones de cada uno. Lo que la mayoría ignora es que la verdad siempre es exclusiva, independientemente de cuál sea el campo del saber que estemos considerando. Si decimos que hay verdades absolutas mientras el posmodernista dice que no, inmediatamente encontramos que uno de los dos está en el error y el que está en la verdad excluye la posibilidad de que el otro esté en la verdad también. En el mundo de la física hablamos de que dos cuerpos no pueden ocupar el mismo lugar en el espacio al mismo tiempo (ley de la impenetrabilidad). Uno excluye al otro. Otras veces hablamos de que la velocidad de la luz es 300.000 km/seg; esa verdad (esa constante) excluye la posibilidad de todas las demás velocidades. ¿Por qué? Porque es verdad. La verdad es siempre proposicional, lo cual implica que cuando hacemos afirmaciones, estas o son ciertas o están erradas, pero no ambas cosas a la vez.

La razón por la que personas en diferentes sistemas religiosos, incluido el hinduismo, están tan dispuestas a aceptar a Jesús como otro más de sus dioses es porque están en el error y el error siempre tiene cabida para la verdad. Pero la verdad nunca tiene cabida para el error porque entiende que está en la verdad y moverse de esa posición es pasar al error.

Nadie habló de manera tan exclusivista como lo hizo Jesús, y esto ocurrió así porque nunca nadie ha estado tanto en la verdad como Él. Tanto es así que Jesús no solo dijo decir la verdad, sino que dijo ser la verdad. Entre otras cosas, Jesús dijo:

> ...*En verdad, en verdad os digo: yo soy la puerta de las ovejas. Todos los que vinieron antes de mí son ladrones y salteadores, pero las ovejas no les hicieron caso. Yo soy la puerta; si alguno entra por mí, será salvo; y entrará y saldrá y hallará pasto (Juan 10:7-9).*

Un camino, una verdad, una vida, una puerta, y Su nombre es Jesús.

SALVACIÓN SOLO EN CRISTO

En la época de Martín Lutero, la iglesia de Roma enseñaba (y hoy continúa enseñando lo mismo) que la salvación es en Cristo Jesús, pero lo que Roma aún no acaba de afirmar es que la salvación es solamente en Cristo Jesús y por Cristo Jesús. Mencionamos esto porque, como dijimos en el capítulo 1 sobre *Sola Escritura*, el punto #95 del Catecismo católico enseña que la tradición, la Escritura y el magisterio de la iglesia "contribuyen eficazmente a la salvación de las almas". Con esta aseveración, la iglesia da a entender que de alguna manera la institución de la Iglesia Católica Romana en sí misma juega un papel en la salvación de los hombres, algo que contradice completamente las enseñanzas de las Escrituras. Cristo dijo de manera categórica que Él es el camino y que nadie va al Padre si no es a través de Él.

Por otro lado, la iglesia de Roma asigna a María un rol que la Palabra nunca le concede. "De acuerdo al papá León XIII en '*Magnae Dei Matris'*: nada de ese inmenso tesoro de todas las gracias, que el Señor trajo a nosotros... es dado a nosotros que no sea a través de María, de manera que de la misma manera que nadie puede venir al Padre de lo alto, excepto a través del Hijo, casi de la misma manera, nadie puede venir a Cristo excepto a través de su Madre."[1] Ni María misma hubiese creído algo semejante, quien pronunciara estas palabras ante el anuncio del ángel de que ella sería la portadora del Hijo de Dios: "Entonces María dijo: Mi alma engrandece al Señor, y mi espíritu se regocija en Dios mi Salvador" (Luc. 1:46-47).

Los reformadores tuvieron que luchar contra ese trasfondo religioso donde Cristo había "perdido terreno" como el único camino al Padre sin la ayuda de ningún otro intermediario o institución como la iglesia. En esa época, nadie pudo haberlo expresado mejor que Zwingli al decir:

> *El resumen del evangelio es que nuestro Señor Cristo, el verdadero Hijo de Dios, nos ha hecho conocer la voluntad de nuestro Padre Celestial y nos ha redimido de la muerte y nos ha reconciliado con*

---

[1] Norman L. Geisler y Ralph E. MacKenzie, *Roman Catholics and Evangelicals: Agreements and Differences* (Grand Rapids, MI: Baker Books, 1995), 317.

Dios a través de su inocencia. Por tanto, Cristo es el único camino de salvación de todos los que fueron, son ahora o serán.[2]

EL ROL DE JESÚS EN LA SALVACIÓN

Tanto la vida, como la muerte y la resurrección de Jesús contribuyen a la salvación de los perdidos, y nada más puede hacerlo. Jesús vino a vivir una vida que ninguno de nosotros podía vivir; a morir una muerte que ningún ser humano podía sufrir y a resucitar de entre los muertos para conquistar finalmente el pecado y la consecuencia del pecado, la muerte. Por tanto, la salvación del hombre requiere de a) la vida, b) la muerte y c) la resurrección de Cristo:

La vida de Jesús

Adán, como representante de la raza humana, pecó, y por consiguiente violó la ley de Dios. Desde ese momento, el hombre adquirió una deuda moral con Dios y ninguno de los descendientes de Adán había podido cumplir con la ley de Dios hasta que Cristo vino a cumplir con todas las demandas de la ley. Jesús a Su paso por la tierra, dejó claro que Él no había venido para abolir la ley, sino para cumplirla (Mat. 5:17). Cuando Juan el Bautista piensa que él no debe bautizar a Jesús, sino que debe ser al revés, Jesús respondió: "Permítelo ahora; porque es conveniente que cumplamos así toda justicia". Jesús fue presentado en el templo al octavo día en cumplimiento de la ley, y en cada ocasión cumplió a cabalidad con la ley de Moisés. De esa forma, acumuló los méritos necesarios que pudieran ser cargados o imputados a nuestra cuenta. Como Jesús cumplió con todos los preceptos de la ley, al final de Sus días, ni Pilato ni el Sanedrín encontraron faltas en Él; tuvieron que buscar falsos testigos para acusarlo (Mat. 26:60). Aun desde el punto de vista político, Pilato no encontró faltas en Él (Luc. 23:4); tampoco las encontró Herodes. Nadie ha cumplido la ley; solo Jesús logró hacerlo. La ley de Dios que Adán no logró cumplir y que ninguno de sus descendientes tampoco pudo lograrlo, Jesús la cumplió de principio a fin. Su vida, no solo Su muerte y resurrección, es importante para la salvación del pecador, porque los méritos de Su vida fueron contados a nuestro favor.

La muerte de Jesús

Jesús mismo definió la misión de Su primera venida: Él vino a "dar su vida en rescate por muchos" (Mar. 10:45). Cada uno de los descendientes de Adán nace condenado por el pecado (Sal. 51:5). Pero el pecado no puede ser perdonado sin que alguien pague por él, de lo contrario la justicia de Dios hubiese quedado sin ser satisfecha, y nuestro Dios es un juez justo.

---

[2]Timothy George, *Theology of the Reformers*, ed. rev. (Nashville, TN: B&H Publishing Group, 2013), 129.

De manera que Dios Padre o condenaba a toda la humanidad a ir al infierno o enviaba a Su Hijo para que cumpliera la ley, y habiendo cumplido la ley, fuera a morir en la cruz en lugar del pecador, tal como lo hizo:

> *Y El mismo llevó nuestros pecados en su cuerpo sobre la cruz, a fin de que muramos al pecado y vivamos a la justicia, porque por sus heridas fuisteis sanados (1 Ped. 2:24).*

El apóstol Pablo lo expresa aún de una forma más clara en la epístola a los Romanos:

> *Pero Dios demuestra su amor para con nosotros, en que siendo aún pecadores, Cristo murió por nosotros. Entonces mucho más, habiendo sido ahora justificados por su sangre, seremos salvos de la ira de Dios por medio de El. Porque si cuando éramos enemigos fuimos reconciliados con Dios por la muerte de su Hijo, mucho más, habiendo sido reconciliados, seremos salvos por su vida (Rom. 5:8-10).*

Sin haber llenado a cabalidad la ley de Dios, Jesús jamás hubiese calificado para ofrecerse en sacrificio por los pecados de los seres humanos. Nadie ha hecho ninguna de las dos cosas: ni llenar la ley a la perfección ni morir por los pecados de la humanidad. Pero el día que Jesús murió, Él mismo supo que había terminado la obra que Dios Padre le había encomendado, y por eso pudo decir al morir: *"¡Consumado es! E inclinando la cabeza, entregó el espíritu"* (Juan 19:30). Con una sola palabra Jesús expresó que todo el trabajo de redención había sido terminado allí en la cruz. No había más que cumplir; nada más que hacer. Ninguna obra hecha por el hombre podría haber mejorado la obra de redención de Jesús porque cuando la terminó era perfecta, y la perfección no acepta mejoría. Es prácticamente una blasfemia pensar que las obras del ser humano, manchadas de pecado, puedan contribuir en lo más mínimo a su salvación.

"Otras religiones basan sus creencias para ser reconocidas en las enseñanzas de su fundador; el cristianismo se distingue de todas las demás por la importancia que asigna a la muerte de su fundador."[3] Sin la cruz de Cristo, no tenemos una fe cristiana, sino simplemente un sistema de valores morales.

La muerte de Cristo fue vicaria o sustitutiva

Vicaria implica sustitución. En otras palabras, yo tenía que haber sido clavado en la cruz, pero Jesús tomó mi lugar, como nos recuerda Pablo en 2 Corintios 5:21 donde dice que aquel que no conoció pecado, fue hecho pecado por nosotros. El mismo énfasis es hecho desde el Antiguo Testamento como vemos en Isaías 53:5-6.

---

[3] Henry C. Thiessen, *Lectures in Systematic Theology* (Grand Rapids, MI: Wm. B. Eerdmans Publishing Co., 1994), 230-31.

Su muerte no solamente fue vicaria, fue también propiciatoria

Propiciación es un término que viene del mundo secular. Implicaba el presentar una ofrenda a un dios pagano para calmar su ira. Entonces la muerte de Cristo fue propiciatoria en el sentido de que ciertamente Dios estaba airado con el pecado del hombre (Sal. 7:11) y Cristo vino a aplacar la ira de Dios; en ese sentido fue propiciatoria (Rom. 3:25; Heb. 2:17; 1 Jn. 2:2; 1 Jn. 4:10).

La Resurrección de Cristo

Muchos han dicho que la resurrección del Hijo al tercer día fue el amén del Padre al sacrificio perfecto de Su Hijo. Ciertamente eso es lo que representa. Si ese sacrificio no llenaba las demandas de la ley, Dios Padre jamás lo hubiese aceptado como bueno y válido. La muerte de Cristo a nuestro favor fue vital, pero no suficiente para nuestra salvación como bien explica el apóstol Pablo a los Corintios:

> *Ahora bien, si se predica que Cristo ha resucitado de entre los muertos, ¿cómo dicen algunos entre vosotros que no hay resurrección de muertos? Y si no hay resurrección de muertos, entonces ni siquiera Cristo ha resucitado; y si Cristo no ha resucitado, vana es entonces nuestra predicación, y vana también vuestra fe. Aún más, somos hallados testigos falsos de Dios, porque hemos testificado contra Dios que El resucitó a Cristo, a quien no resucitó, si en verdad los muertos no resucitan. Pues si los muertos no resucitan, entonces ni siquiera Cristo ha resucitado; y si Cristo no ha resucitado, vuestra fe es falsa; todavía estáis en vuestros pecados. Entonces también los que han dormido en Cristo han perecido. Si hemos esperado en Cristo para esta vida solamente, somos, de todos los hombres, los más dignos de lástima (1 Cor. 15:12-19).*

Ese solo pasaje nos muestra la importancia de la resurrección de Cristo para la salvación del ser humano. Sin Su resurrección, nosotros aún estaríamos sumergidos en delitos y pecados porque la resurrección de Cristo proclama Su victoria sobre el pecado y la muerte. Así como Él murió en lugar nuestro, entonces Su resurrección promete y asegura nuestra victoria sobre el pecado y sobre la muerte.

La iglesia primitiva nació y creció con la predicación de la muerte y la resurrección de Jesús.[4] La iglesia cristiana hoy espera a Jesús por segunda vez justamente porque resucitó y prometió regresar por los suyos. Muchos han tratado de negar la resurrección de Jesús porque un hombre "muerto" como lo es Mahoma, Buda, Joseph Smith y todos los demás maestros religiosos del pasado no pueden hacer promesas desde la tumba; Cristo las hizo antes y después de Su muerte. Su resurrección brindó veracidad a las promesas anteriores, así como a aquellas que hizo después de salir de la tumba.

---

[4] Gary R. Habermas, *The Risen Jesus and Future Hope* (Lanham, MD: Rowman & Littlefield Publishers, 2003).

La salvación según Jesús

Muchos son los que hoy en día están dispuestos a aceptar a Jesús como uno de los grandes maestros de la historia o uno de los iluminados, y aun otros estarían dispuestos a pensar en Él como el más grande de todos los iluminados. Pero cuando Jesús se refirió a sí mismo, lo hizo de una manera muy exclusivista. Consideremos solamente algunos de sus pronunciamientos (énfasis agregado):

- ✓ "Venid a **mí**..." (Mat. 11:28)
- ✓ "Sígue**me**" (Mat. 8:22; 9:9 y 19:21)
- ✓ "El que cree en **mí**..." (Juan 7:38)
- ✓ "El que permanece en **mí** y **yo** en él, ése da mucho fruto, porque separados de mí nada podéis hacer" (Juan 15:5)
- ✓ "El que cree en **el Hijo** tiene vida eterna; pero el que no obedece **al Hijo** no verá la vida, sino que la ira de Dios permanece sobre él" (Juan 3:36)
- ✓ "En verdad, en verdad os digo: el que no entra por la puerta en el redil de las ovejas, sino que sube por otra parte, ése es ladrón y salteador... Entonces Jesús les dijo de nuevo: En verdad, en verdad os digo: **yo soy la puerta** de las ovejas" (Juan 10:1,7)
- ✓ "Yo soy el camino, y la verdad, y la vida; nadie viene al Padre **sino por mí**" (Juan 14:6)

Si hubo alguien que dejó claro para todos nosotros que Él era y es el único camino de salvación, fue Jesús mismo.[5] Él fue el enviado por el Padre; solo Él llenaba los requisitos para salvarnos. Habiéndose encarnado, solo Él llenó las demandas de la ley y solo Él se ofreció como sacrificio por nuestro pecado. Solo Él nació sin pecado, vivió sin pecado y murió sin pecado. Habiendo muerto así en lugar de los pecadores, solo Él salió de la tumba al tercer día. Él es el único victorioso sobre el pecado y la muerte. Por tanto solo en Él hay salvación.

Él es el camino que hay que seguir, Él es la verdad que tenemos que creer y Él es la vida que tenemos que vivir. Si hay algo que impresiona de la persona de Jesús es con qué frecuencia Él habló acerca de lo que Él es en vez de lo que Él hace. Observa estas frases de Jesús:

- ✓ Yo soy el camino, la verdad y la vida (Juan 14:6)
- ✓ Yo soy la puerta (Juan 10:9)
- ✓ Yo soy el buen pastor (Juan 10:11)
- ✓ Yo soy el pan de la vida" (Juan 6:35)
- ✓ Yo soy la luz del mundo (Juan 8:12)
- ✓ Yo soy la resurrección y la vida (Juan 11:25)
- ✓ Yo soy la vid verdadera (Juan 15:1)

---

[5] James Montgomery Boice, *The Gospel of John, Vol. 4* (Grand Rapids, MI: Baker Books, 1999), 1081-86.

El resto de los maestros usualmente hablaban más en términos de lo que ellos podían hacer o enseñar; pero solo Dios puede hablar en los términos que Jesús habló cuando hacía referencia a Su persona. Jesús no te dice: "Yo te digo la verdad…" ¡No!, Él te dice Yo Soy la verdad. *"La verdad no se encuentra en un sistema de filosofía, sino en una persona – Cristo es 'la verdad.'"* [6]

Jesús te dice: "Yo no te señalo el camino, sino Yo soy ese camino". Él no solo es capaz de dar vida, ¡no, no, no! Él es la vida. Nadie habló de esa manera antes de Jesús y nadie lo ha hecho desde entonces. En Juan 14, vemos cómo Jesús comienza a hablar a Sus discípulos del tiempo de Su partida y en ese contexto pronuncia estas palabras:

> *En la casa de mi Padre hay muchas moradas; si no* fuera así, *os lo hubiera dicho; porque voy a preparar un lugar para vosotros. Y si me voy y preparo un lugar para vosotros, vendré otra vez y os tomaré conmigo; para que donde yo estoy,* allí *estéis también vosotros. Y conocéis el camino adonde voy. Tomás le dijo: Señor,* si *no sabemos adónde vas, ¿cómo vamos a conocer el camino? Jesús le dijo: Yo soy el camino, y la verdad, y la vida; nadie viene al Padre sino por mí (Juan 14:2-6).*

Los judíos tenían varios temas que solían fascinarlos y tres de ellos son recogidos por Jesús en una sola frase:

PRIMER CONCEPTO: EL CAMINO

Nota la alusión a este tema: "Lámpara es a mis pies tu palabra, y luz para mi camino" (Sal. 119:105). "Señor, enséñame tu camino..." (Sal. 27:11). La alusión a conocer el camino es un tema recurrente en el Antiguo Testamento. Antes de la caída de Adán, él tenía acceso a Dios, pero al pecar se desvió y él y sus descendientes perdieron el camino de regreso. De aquí que sea tan importante que Cristo haya venido a ofrecerse como el camino. Al pecar, Adán perdió la presencia de Dios; Adán sabía dónde estaba Dios, pero "perdió el mapa para regresar". En el proceso, Satanás llegó y cambió todos los letreros de las carreteras y colocó múltiples nuevos letreros que dicen: moralidad, filosofía, tu mejor esfuerzo, y a todos les colocó debajo un subtítulo: "Hacia Dios", pero ninguno lleva a Dios. Lo único que nos puede ayudar es alguien que haya venido de Dios y conozca el camino y nos lleve hasta allá, y esa persona es Jesús. Él dijo que Él mismo vino del cielo: "Nadie ha subido al cielo, sino el que bajó del cielo, *es decir*, el Hijo del Hombre que está en el cielo" (Juan 3:13). Las religiones te ofrecen ritos, ceremonias, formalidades; Jesús te ofrece una relación. Los sistemas religiosos te dicen: "Sigue estas reglas"; Jesús te dice: "Sígueme".

---

[6] Arthur W. Pink, *Exposition of the Gospel of John* (Grand Rapids, MI: The Zondervan Corporation, 1975), 763.

Se cuenta que en una ocasión, un viajero contrató un guía para que lo condujera a través de un área de desierto. Cuando llegaron al comienzo del desierto, el viajero vio que toda la arena lucía igual y que no había huellas por ningún lugar. El viajero preguntó: "¿Dónde está el camino para transitar por el desierto?". Y el guía le respondió un poco molesto: "Yo *soy* el camino". Así es con Jesús. La vida es como un desierto o como una jungla; si quieres salir con vida de allí, tienes que poner tu mano en la mano de Jesús y Él te guiará a puerto seguro.[7]

SEGUNDO CONCEPTO: LA VERDAD

Notemos cómo el salmista ahora enlaza los temas del camino y la verdad: *"Enséñame, oh* SEÑOR, *tu camino; andaré en tu verdad"* (Sal. 86:11). Porque Su camino es el camino de la verdad. Todos los demás caminos prometen llevar al hombre a Dios, pero le mienten y lo engañan. Cuando Adán cayó, pecó porque creyó una mentira y desde entonces él perdió su habilidad de diferenciar la verdad de la mentira y es por eso que los descendientes de Adán hemos caído tantas veces en el error. Por tanto, el decir la verdad no iba a ser suficiente porque nosotros no sabríamos cómo diferenciarla de la mentira; de ahí que Cristo no vino solo a decir la verdad, sino a encarnarla para que nosotros, que no sabemos discernir la verdad del error, no solo tuviéramos que discernirla, sino seguirla en Su persona.

De la misma manera que la luz disipa la oscuridad dondequiera que la luz penetre y revela cualquier cosa que esté ocupando un espacio en aquel lugar, de igual modo, la verdad disipa el error y revela lo que el hombre verdaderamente es.

Recordemos que Cristo dijo: **Yo soy la verdad; no una verdad**. Cristo no vino simplemente a decir la verdad porque uno puede decir la verdad hoy y mentir mañana. Con esta afirmación, Cristo nos dijo implícitamente que todos los demás caminos son un engaño porque no acercan al hombre a Dios, sino que al contrario, lo alejan de Dios. Cristo vino a personificar la verdad y de esa forma cuando hacemos un compromiso con Cristo hemos hecho un compromiso con la verdad en todas sus formas. Cuando entendemos el compromiso que hemos hecho con la verdad, prácticamente, se nos hace imposible mentir. ¿Por qué? Porque entendemos que cada vez que mentimos estamos representando el mundo de las tinieblas, no el mundo de la luz. La verdad no puede ser definida según los sentimientos, sino según la persona de Jesús. Tenemos un compromiso con la verdad aun en las cosas más pequeñas.

TERCER CONCEPTO: LA VIDA

Ahora, el problema de Adán fue aún más grave; no solo fue que él perdió su habilidad de regresar a casa, sino que quedó muerto y eso hacía necesario

---

[7] Michael P. Green, ed., *Illustrations for Biblical Preaching* (Grand Rapids, MI: Baker Publishing Group, 1982), 421.

que Cristo viniera y se identificara como la vida para que nosotros pudiéramos recobrar la vida perdida.[8] De ahí su afirmación, "Yo soy el camino, y la verdad, y la vida".

El texto de Génesis señala que en medio del huerto en que habitaban Adán y Eva estaba *"El árbol de la vida y el árbol del conocimiento del bien y el mal".* Adán comió junto con su esposa y perdió la vida; ahora, en el segundo Adán, el hombre recobra la vida. Es increíble cómo en el huerto del Edén, Dios le prohíbe a Adán y a Eva comer del árbol del bien y del mal, y comieron (Gén. 3:6). Después de la caída, en Génesis 3:22 Dios se aseguró de que el hombre no comiera del árbol de la vida y "viva para siempre". Cuando Dios prohibió comer, ellos comieron, pero en el Nuevo Testamento, Cristo se ofrece como el pan de vida; como el árbol de la vida del cual todos podemos comer, y resulta que nadie quiere comer de Él. Al hombre no hay quién lo entienda; cuando se le prohíbe comer, come y cuando se lo invita a comer, entonces no come. Es como si el hombre no tolerara recibir órdenes.

Cristo no señaló el camino, sino que se identificó Él mismo como el camino; y como Él no era una carretera para caminarla, lo único que podemos hacer es seguirlo. Si estamos perdidos, ¿qué preferiríamos?, ¿que alguien nos dé una dirección o que esa persona nos lleve? La respuesta es evidente. Preferimos que nos tomen de la mano y nos guíen. Esa fue la promesa de Cristo en Juan 14:3: "os tomaré conmigo". Cuando Cristo dice: "os tomaré conmigo", lo que nos está tratando de transmitir es que una vez que hayamos puesto la confianza en Él, no hay forma de que nos perdamos porque Él caminará con nosotros a lo largo de todo el camino hasta llegar al Padre; eso garantizará nuestra llegada y que no nos perdamos en el camino.

Un camino es algo que une dos puntos o que lleva de un lugar a otro. Jesús es exactamente eso. Él es la persona:

- ✓ que une al ser humano con Dios (2 Cor. 5:18).
- ✓ que lleva al ser humano del mundo de tinieblas al mundo de la luz (1 Ped. 2:9).
- ✓ que lleva al ser humano de su condición de esclavo a libre (Tito 2:3-6).
- ✓ que nos trasforma de huérfanos en hijos adoptados (Gál. 4:1-6).
- ✓ que nos lleva de la muerte a la vida (Ef. 2:1).

JESÚS COMO PERSONA ÚNICA EN LA HISTORIA[9]

Jesús fue único en el tiempo

Sin principio ni fin. Ha existido desde la eternidad y permanecerá hasta la eternidad. Las Escrituras lo afirman:

---

[8] Richard D. Phillips, *John, Vol. 2,* Reformed Expository Commentary, eds. Richard D. Phillips y Philip Graham Ryken (Phillipsburg, NJ: P&R Publishing Company, 2014), 209-10.

[9] Norman L. Geisler, s.v. "Uniqueness of Christ", *Baker Encyclopedia of Christian Apologetics* (Grand Rapids, MI: Baker Books, 1999), 135-40.

Juan 1:1 dice: "En el principio existía el Verbo, y el Verbo estaba con Dios, y el Verbo era Dios". No ha habido un solo momento en todo la eternidad en que Jesús no hubiese existido; Él estaba desde el principio. Estaba junto al Padre. Él y el Padre eran el mismo Dios junto con la Tercera Persona de la Trinidad.

Apocalipsis 21:6 y 22:13 señalan: "Yo soy el Alfa y la Omega... el primero y el último, el principio y el fin". Esto afirma nuevamente Su divinidad y el hecho de que todo depende de Él porque Él es el Alfa y la Omega, como si fueran esas dos letras representativas de que todo está contenido en Él de alguna forma; de Él dependen.

Jesús fue único en su nacimiento

Nacido de una virgen, lo cual fue anunciado desde la antigüedad (Isa. 7:14). Engendrado, no creado.

Jesús fue único en su naturaleza

Verdadero hombre y verdadero Dios. Se encarnó al no considerar Su igualdad con Dios como algo a que aferrarse y se hizo hombre (Fil. 2:5-8).

Jesús fue único en su autoridad

Las multitudes daban testimonio de que hablaba como uno que tiene autoridad (Mat. 7:28-29; Luc. 4:31-32). Los demonios se sometían a Su mera presencia (Mar. 5:1-13); los vientos y los mares se calmaron ante Su voz (Mat. 8:23-27); los muertos resucitaban a Su llamado (Juan 11:43-44) y a Pilato le dijo no tener ninguna autoridad que no le hubiese sido dada desde los cielos (Juan 19:11).

Jesús fue único en su influencia

Sócrates enseñó unos 40 años; Platón, unos 50 años; y Aristóteles, 40. Entre estos tres grandes maestros acumularon unos 130 años de enseñanza, Jesús enseñó durante 3 años y nadie, ni antes ni después, ha logrado influenciar la historia de la humanidad como lo hizo Cristo. Tres años de enseñanza y 2000 años de influencia.

Jesús fue único en su santidad

Confucio dijo: "Yo nunca dije que era santo". Pero Jesús preguntó: "¿Quién de vosotros *me prueba* que tengo pecado?" (Juan 8:46). Nadie le respondió. Mahoma dijo: "Si Dios no tiene misericordia de mí, no tengo esperanza". Mas Cristo dijo: "El que cree en el Hijo tiene vida eterna" (Juan 3:36). Buda dijo: "Soy alguien en búsqueda de la verdad". Pero Cristo dijo: "Yo soy la verdad" (Juan 14:6). Confucio murió divorciado.

Mahoma tuvo once esposas y muchas concubinas, a pesar de que el Corán solo le permitía cuatro. Buda abandonó a su esposa y a su hijo para dedicarse a la vida contemplativa enseñando que el hombre tenía que liberarse de sus deseos egoístas, mientras él abandonó a su esposa e hijo de manera egoísta. Pero Cristo murió sin pecado:

✓ Pilato no halló falta en Él (Luc. 23:4).
✓ Aun la esposa de Pilato lo llamó justo (Mat. 27:19).
✓ Herodes lo encontró inocente (Luc. 23:11).
✓ Uno de los dos ladrones en la cruz reconoció que Jesús nada malo había hecho (Luc. 23:40-43).
✓ Y el centurión al pie de la cruz dijo: en verdad este era el Hijo de Dios (Mar. 15:39).

Jesús fue enterrado un viernes; resucitó el domingo y cumplió Su propia profecía (Mat. 16:21; 17:23 y 20:19), algo que ningún otro ha podido hacer. De manera que Jesús no solo dijo, sino que probó que ciertamente Él es el camino, la verdad y la vida, nadie viene al Padre, si no es por Él.

REFLEXIÓN FINAL

Jesús dijo ser la puerta, pero el ser humano ha rehusado pasar por esa puerta. Él prefiere otra, o esa misma pero más ancha; sin embargo, no la hay. Jesús dijo:

> *Entrad por la puerta estrecha, porque ancha es la puerta y amplia es la senda que lleva a la perdición, y muchos son los que entran por ella. Porque estrecha es la puerta y angosta la senda que lleva a la vida, y pocos son los que la hallan. Cuidaos de los falsos profetas, que vienen a vosotros con vestidos de ovejas, pero por dentro son lobos rapaces. Por sus frutos los conoceréis. ¿Acaso se recogen uvas de los espinos o higos de los abrojos? (Juan 7:13-16).*

Cristo apunta hacia la puerta estrecha que es Él; los falsos maestros apuntan en otras direcciones con puertas mucho más anchas. Cristo es la piedra de tropiezo y en Cristo tropiezan todos los líderes religiosos. Cristo es el filtro donde tropieza la Iglesia de Roma que enseña sobre un Cristo más la intercesión de María; un Cristo más las obras; un Cristo más las oraciones de los santos; un Cristo más las penitencias. Con Cristo tropiezan los Testigos de Jehová, los musulmanes y los mormones que presentan un Cristo menos Su divinidad.

En este pasaje de Juan 7 la puerta ancha puede representar la puerta que lleva a la perdición, como puede ser entre otras cosas, un evangelio diluido; o un evangelio sin demandas; un evangelio que promete salud, felicidad y prosperidad; un evangelio sin costo alguno o cualquier "otro" evangelio (Gál. 1). Solo el evangelio centrado en la vida, la muerte y la resurrección de Jesús puede salvar al pecador.

Hasta aquí hemos recorrido bastante terreno para poder tratar ahora la doctrina más difícil de entender y de aceptar de todas las enseñanzas que hemos estado revisando. Se trata de la doctrina de la *expiación limitada* que señala que Cristo vino a morir por Sus elegidos solamente. Antes de desarrollar anticuerpos contra esta enseñanza, invitamos al lector a estudiar el próximo capítulo con detenimiento y a reservar su veredicto hasta examinar con detalle y en oración todos los puntos expuestos.

8

Expiación limitada

"Por cuanto le diste autoridad sobre todo ser
humano para que dé vida eterna a todos los
que tú le has dado".

Juan 17:2

INTRODUCCIÓN

La doctrina de la 'expiación limitada' es sin lugar a dudas la más controversial de todas las doctrinas de la gracia. "La pregunta de si la satisfacción [de la justicia de Dios] en la cruz fue universal e indiscriminada [para todos los hombres] o específica y definitiva [solo para los elegidos] fue el punto más contencioso en el gran Sínodo de Dort (Dordrecht) en 1618-19 y continúa siendo una de las enseñanzas más controversiales en la Soteriología Reformada."[1] Antes de explicar esta expiación, se hace necesario entender cabalmente lo que es la expiación de Cristo propiamente dicha para luego examinar la limitación de esta. Por un lado, la "[e]xpiación puede ser definida como la obra de Dios a favor de los pecadores para reconciliarlos a Él. Es la actividad divina que confronta y resuelve el problema del pecado humano de manera que la gente pueda disfrutar completa comunión con Dios, ahora y en el siglo venidero."[2]

Por otro lado, la expiación básicamente hace referencia a la muerte de Cristo y el pago de nuestros pecados por medio de Su sacrificio. En la cruz, Cristo expió nuestros pecados y los perdonó al ofrecerse como un cordero expiatorio. Allí cargó con las consecuencias del pecado de la humanidad. Cuando la justicia de Dios fue satisfecha en la cruz, Dios reconcilió al hombre consigo mismo (2 Cor. 5:18). Eso hizo Cristo el día que entregó Su vida y lo hizo por todos y cada uno de los elegidos de Dios.

---

[1] Raymond A. Blacketer, "Definite Atonement in Historical Perspective", en *The Glory of the Atonement*, eds. Charles Hill y Frank James III (Downers Grove, IL: InterVarsity Press, 2004), 304.
[2] R. W. Yarbrough, s.v. "Atonement", *New Dictionary of Biblical Theology*, eds., T. Desmond Alexander, Brian S. Rosner, D. A. Carson y Graeme Goldsworthy (Downers Grove, IL: InterVarsity, 2000), 388-93.

La obediencia de Cristo, a lo largo de Su vida, acumuló los méritos necesarios pues cumplió la ley a cabalidad de tal forma que al morir Cristo en mi lugar, dichos méritos pueden ser cargados (imputados) al pecador perdonado. Dios me trata entonces como si yo hubiese vivido la vida de Cristo. Y así Dios me da entrada al reino de los cielos. "'La expiación' se enfoca en la remoción del pecado y la 'propiciación' en aplacar la ira... La expiación resulta en la reconciliación de Dios y el pecador al remover la causa de la ira." [3]

Entonces habiendo dicho eso, abordemos el tema de cuál fue la motivación para Su expiación.

MOTIVACIONES PARA LA EXPIACIÓN: SU JUSTICIA Y SU GRACIA

Uno de los pasajes que mejor explica cómo ocurrió la expiación del pecador es Romanos 3:23-26 que comienza de esta manera: "por cuanto todos pecaron y no alcanzan la gloria de Dios, siendo justificados gratuitamente por su gracia...". Dios nos justifica gratuitamente sin pago alguno para nosotros y lo hace por Su gracia "por medio de la redención que es en Cristo Jesús". De manera que la gracia de Dios es una de las cosas que motiva a Dios a perdonar nuestros pecados en Cristo Jesús. El texto continúa "a quien [refiriéndose a Cristo] Dios exhibió públicamente como propiciación por su sangre a través de la fe, como demostración de su justicia, porque en su tolerancia, Dios paso por alto los pecados cometidos anteriormente, para demostrar en este tiempo su justicia, a fin de que El sea justo y *sea* el que justifica al que tiene fe en Jesús". Hemos visto en primer lugar que la motivación para salvarnos fue Su gracia y esto fue desarrollado ampliamente en el capítulo sobre *Sola Gratia*, pero en el texto señalado, hay otra motivación que tiene que ver con Su justicia. Notemos cómo el pasaje dice: "Dios exhibió públicamente como propiciación [a su Hijo] por su sangre a través de la fe, **como demostración de su justicia**, porque en su tolerancia, Dios pasó por alto los pecados cometidos anteriormente, a fin de que El sea justo y *sea* el que justifica al que tiene fe en Jesús" (énfasis agregado). Si pasamos por alto la necesidad de cumplir la justicia de Dios en la cruz, dejamos fuera una parte vital de la expiación de Cristo. Un Dios justo no podía simplemente ignorar la violación de la ley de la misma manera que un Presidente de la Suprema Corte de Justicia no puede cerrar los ojos ante los violadores de la ley de la nación.

Notemos cómo el texto dice que 'Dios' exhibió públicamente a Su Hijo, no los romanos, no los judíos, sino que es Dios quien cuelga a Su Hijo en la cruz. Si Dios Padre hubiese querido habría podido enviar a todo el mundo a Su presencia sin ninguna cruz y nadie lo hubiera podido cuestionar porque Él es soberano. Pero eso hubiese dejado Su justicia perfecta sin reivindicar. En vez de dejar Su justicia y Su santidad sin reivindicar, Dios decidió 'clavar' a Su Hijo en una cruz. "...[P]ara Pablo la justificación estaba relacionada no

---

[3] J. E. Hartley, s.v. "Expiate, Expiation", *The International Standard Bible Encyclopedia*, ed. Geoffrey W. Bromiley (Grand Rapids, MI: Wm. B. Eerdmans Publishing Co., 1982), 246-48.

solamente con la reivindicación de los pecadores, pero más profundamente con la reivindicación de Dios."[4]

Por eso el texto termina declarando: "para demostrar en este tiempo su justicia, a fin de que El sea justo". Él es justo porque no dejó Su justicia sin cumplir. Si Dios envía a todos los hombres a la gloria, sin hacer cumplir Su justicia, entonces no sería justo. Él es justo porque hizo que Su justicia se cumpliera y lo hizo sobre los hombros de Su Hijo. Al mismo tiempo, Dios es quien justifica en Cristo por medio de la cruz.

La otra motivación para la expiación aparece en Juan 3:16: "De tal manera amó Dios al mundo que dio a su Hijo unigénito, para que todo aquel que crea en El, no se pierda, mas tenga vida eterna". El amor de Dios envió al Hijo hasta nosotros. Pero Su amor y Su gracia están íntimamente entrelazados y coexisten de manera inseparable.

EL CUMPLIMIENTO DE LA LEY Y LOS MÉRITOS DE CRISTO

Cumplió la ley

Mateo 5:17 dice "no penséis que he venido para abolir la ley o los profetas, no he venido para abolir, sino para cumplir". Eventualmente la ley quedaría atrás pero no sin cumplir. La abolición de la ley tendría lugar después que Cristo la cumpliera, de la misma manera puede decirse, que la condena de un criminal queda abolida cuando él cumple su condena. El autor de Hebreos nos ayuda a entender lo que pasó cuando Cristo cumplió la ley: "Cuando El dijo: Un nuevo *pacto*, hizo anticuado al primero; y lo que se hace anticuado y envejece, está próximo a desaparecer" (Heb. 8:13).

Sufrió y murió por mis pecados

Durante Su vida, Cristo tuvo sufrimientos físicos, hasta el punto de sudar gotas de sangre y finalmente murió en nuestro lugar. En 2 Corintios 5:21 leemos que "al que que no conoció pecado, le hizo pecado por nosotros, para que fuéramos hechos justicia de Dios en El". Cristo sufrió el abandono de los suyos y aun del Padre (Mat. 27:46) y sufrió la ira de Dios en la cruz para convertirse en nuestra propiciación. La palabra 'propiciación' implica aplacar la ira como ya hemos mencionado. Es una palabra del mundo pagano que significa aplacar la ira de un dios por medio de una ofrenda. Aquellos que practican brujería y hechicería frecuentemente matan animales y toman la sangre y rocían a los participantes en los rituales con sangre porque eso aplaca la ira de los dioses que están causando alguna enfermedad o algún desastre natural. Estas prácticas existen hoy en día dentro de las creencias animistas.

---

[4] D. A. Carson, "Atonement in Romans 3:21-26", en *The Glory of the Atonement*, 138.

En el caso nuestro, la sangre derramada es la de Cristo. Ese derramamiento de sangre ocurrió en la cruz, donde Jesús soportó la ira de Dios y, de esa manera, la ira de Dios que existía con anterioridad y que estaba dirigida contra el pecador, ya no está. Nosotros, los redimidos, podemos sufrir Su disciplina aquí en la tierra, pero no Su ira, porque la ira de Dios cayó sobre los hombros, las espaldas de Cristo. Su sacrificio volvió a Dios propicio a nosotros.

EL SIGNIFICADO DE LA SANGRE DE JESÚS

Adán peca contra Dios y Dios se vuelve contra Adán. Aun así Dios decide continuar Su plan de redención enviando al Hijo. Dios se vuelve hacia los hombres y ahora Su Hijo, mi propiciación, permite que Dios pueda ser propicio a mí y que yo pueda volverme hacia Dios también y encontrarlo.

El apóstol Pedro nos enseña: "sabiendo que no fuisteis redimidos de vuestra vana manera de vivir heredada de vuestros padres con cosas perecederas *como* oro o plata, sino con sangre preciosa, como de un cordero sin tacha y sin mancha, *la sangre* de Cristo" (1 Ped. 1:18-19). Nuestra redención no fue sobre la base de ninguna de las obras de la ley, ni de comprar el perdón de pecado como ocurrió en la época de Lutero, ni de cumplir promesas como sigue ocurriendo hoy, sino sobre la base de la sangre de Jesús.

Dios había dicho, como expresa el autor de Hebreos, que: "según la ley casi todo es purificado con sangre, y sin derramamiento de sangre no hay perdón" (9:22). Por tanto el pecado merece la muerte. Entonces, una de dos, o morimos nosotros o muere alguien en nuestro lugar. El Hijo murió en dicho lugar. Anterior a la cruz, Dios diseñó un sistema de sacrificios a base del ofrecimiento de animales que eran sacrificados por el pecado del hombre y que sirvieron de puente hasta que Cristo muriera por el pecador. Dios aceptó temporalmente la sangre de los corderos y de los toros como pago por los pecados de los hombres apuntando hacia la venida de Su Hijo para que cuando viniera y derramara Su sangre lo hiciera de una vez y para siempre. Así dice el autor de Hebreos, que Cristo se ofreció de "una vez para siempre" (7:27).

LAS CARACTERÍSTICAS DE LA EXPIACIÓN

Penal y sustitutiva

La expiación es el pago del pecado a través de la muerte de Cristo, la cual fue penal y sustitutiva.[5] Separemos esas dos palabras:

Penal: Hizo un pago; pagó una deuda; pagó un precio. Cristo hizo un pago por mis pecados y así los perdonó quedando la pena o la condenación abolida. Eso es lo que implica la palabra penal.

Sustitutiva: nos tocaba a nosotros pagar el precio del pecado, pero Él lo hizo por nosotros.

---

[5] Ibíd., 133-34.

Otros han usado la palabra "vicaria" para referirse a la muerte de Cristo. Es sinónimo de sustitutiva. Un vicario es un representante y por eso la Iglesia de Roma llama al papa "vicario de Cristo" o el representante, el sustituto de Cristo aquí en la tierra, lo cual representa una teología inapropiada.

El autor de Hebreos nos ayuda a entender con claridad lo que ocurrió en la cruz. Para comenzar, recordemos que antes de la venida de Cristo, el pueblo judío ofrecía corderos todos los días del año para el perdón de pecados "porque es imposible que la sangre de toros y de machos cabríos quite los pecados" (Heb. 10:4). Los machos cabríos dejaban al hombre con la conciencia cargada porque solo otro hombre y sin pecado podía ofrecerse en su lugar. Otra diferencia entre lo que ocurrió en la época del Antiguo Testamento y el sacrificio de Cristo es que los sacrificios del judaísmo nunca paraban porque la conciencia del hombre quedaba cargada. Pero Cristo no vino para "ofrecerse a sí mismo muchas veces, como el sumo sacerdote entra al Lugar Santísimo cada año con sangre ajena. De otra manera le hubiera sido necesario sufrir muchas veces desde la fundación del mundo; pero ahora, una sola vez en la consumación de los siglos, se ha manifestado para destruir el pecado por el sacrificio de sí mismo" (Heb. 9:25-26). La misma idea aparece en 1 Pedro 1:18. Por eso hablamos de que ha existido una sustitución permanente y una sustitución temporal. La sustitución permanente es la que Cristo consigue en mi lugar, en la cruz por medio de un solo sacrificio. Mientras que la sustitución temporal es la que se practicó en el Antiguo Testamento cuando se sacrificaban los corderos una y otra vez, una y otra vez porque era simplemente temporal.

LA EXPIACIÓN: LIMITADA VS. ILIMITADA

Ahora comenzamos a ver la parte espinosa de esta doctrina, porque de aquí en adelante estaremos explorando la eficacia de Su sacrificio o la extensión de Su sacrificio. Veamos: ¿fue la expiación de Cristo limitada o ilimitada? En otras palabras, ¿murió Cristo por todos los seres humanos o solamente por los redimidos de Dios? Independientemente de cuál sea la respuesta, debemos avalar lo que decimos con la Palabra de Dios. Antes de entrar en materia propiamente dicha, hagamos otra pregunta: ¿Había personas en el infierno cuando Cristo murió en la cruz? La respuesta es clara: Sí. Entonces: ¿Eran esas personas redimibles a través de la sangre de Cristo? ¿Podían ellos salir del infierno después que Cristo se sacrificó? La Palabra de Dios es incuestionable: Claro que no. Dios ha decretado que el hombre muera una sola vez y después de eso, el juicio (Heb. 9:27). En la parábola de Lázaro y el hombre rico (Luc. 16:19-31), vemos cómo aquellos que han cruzado el umbral de la eternidad no pueden cambiar su destino ni el destino de aquellos que esperan en la tierra. El sacrificio de Cristo no fue para los que ya estaban en el infierno cuando Él fue clavado. "De hecho, Spurgeon lo expresó bien: Si Cristo en Su propia cruz quiso salvar a todo hombre, entonces Él se propuso salvar a aquellos que ya habían sido condenados antes de morir Él. Si la doctrina de que Él murió por todos los seres humanos fuera cierta, entonces Él murió por algunos que estaban en el infierno antes de que Él viniera a este mundo porque sin lugar a dudas que había miríadas que habían sido condenados por su pecado."[6]

Si al momento de morir Cristo había personas en el infierno y ellas no eran redimibles, pues entonces Cristo no murió por ellas. Por tanto, antes de continuar, creo que hemos probado de manera deducible que Cristo no murió por todos los hombres. Sin embargo, ese argumento no es suficiente para sostener una doctrina tan cardinal como esta.

Igualmente podríamos decir que, si existe alguna razón para entrar a la gloria es que Cristo pagó por el pecado del ser humano. Y si existe una razón para ir al infierno es porque esos pecados no han sido pagados. Si Cristo pagó por los pecados de toda la humanidad, entonces y luego de Él haber pagado por todos los pecados, hay personas que terminan en el infierno, esos que se van al infierno tendrán sus pecados pagados dos veces: 1) los pagó Cristo en la cruz y 2) los pagan ellos otra vez al irse al infierno. Pareciera que no tiene mucha lógica. Pero de nuevo, ese argumento deductivo no es suficiente para avalar la doctrina de que Cristo solo pagó por los pecados de Sus elegidos. A esta última la llamamos doctrina de la 'expiación limitada,' o 'redención particular', para significar que Cristo murió por un grupo particular de personas. Veamos ahora los textos bíblicos. Los pasajes siguientes han sido tratados en otra sección y por eso solo haremos comentarios cortos:

Juan 6:36-39: "Pero *ya* os dije que aunque me habéis visto, no creéis. Todo lo que el Padre me da, vendrá a mí; y al que viene a mí, de ningún modo lo echaré fuera. Porque he descendido del cielo, no para hacer mi voluntad, sino la voluntad del que me envió. **Y esta es la voluntad del que me envió**: **que de todo lo que El me ha dado yo no pierda nada,** sino que lo resucite en el día final". (Énfasis agregado).

¿Cuál es la voluntad de Dios para la salvación? Que ninguno de los que el Padre le ha dado a Cristo, se pierda. Si alguno se pierde es porque el Padre no se lo dio al Hijo.

Juan 17:2: "por cuanto le diste autoridad sobre todo ser humano para que dé vida eterna a todos los que tú le has dado". Jesús vino con autoridad sobre todos, pero con una sola **misión que fue dar vida eterna a aquellos a quienes el Padre le había entregado.**

Juan 17:6: "He manifestado tu nombre a los hombres que del mundo me diste; eran tuyos y me los diste, y han guardado tu palabra". De nuevo, Cristo ha hecho algo especial por un grupo y ese grupo tiene que ver con las personas que el Padre le dio al Hijo, y Cristo le manifestó Su nombre a ellos. Pero no a todos, conforme a este texto.

Juan 17:9-10: "Yo ruego por ellos; no ruego por el mundo, sino por los que me has dado; porque son tuyos; y todo lo mío es tuyo, y lo tuyo, mío; y he sido glorificado en ellos". Ahora, en las últimas horas antes de Su muerte, Cristo ora de manera concentrada y dice al Padre que estaba rogando por un

---

[6] James White, "Particular Redemption: True Atonement, True Substitution", en *Debating Calvinism* por David Hunt y James White (Colorado Springs, CO: Multnomah Publishers, 2004), 171-72.

grupo, pero que ese grupo no incluye a todo el mundo, sino solo "los que me has dado". Más adelante, Jesús pide por otro grupo futuro, pero ese grupo futuro no incluye toda la humanidad: "Mas no ruego sólo por éstos, sino también por los que han de creer en mí por la palabra de ellos, para que todos sean uno. Como tú, oh Padre, *estás* en mí y yo en ti, que también ellos estén en nosotros" (Juan 17:20-21).

Juan 10:24-29: "Entonces los judíos le rodearon, y le decían: ¿Hasta cuándo nos vas a tener en suspenso? Si tú eres el Cristo, dínoslo claramente. Jesús les respondió: Os lo he dicho, y no creéis; las obras que yo hago en el nombre de mi Padre, éstas dan testimonio de mí. Pero vosotros no creéis porque no sois de mis ovejas. Mis ovejas oyen mi voz, y yo las conozco y me siguen; y yo les doy vida eterna y jamás perecerán, y nadie las arrebatará de mi mano. Mi Padre que me *las* dio es mayor que todos, y nadie *las* puede arrebatar de la mano del Padre". Los judíos se quejaron de que Cristo no era claro al hablar y que, por eso, ellos no podían creer. Jesús responde que ese no era el problema; Él ha sido claro. Y entonces les explica dónde radica la dificultad: "Pero vosotros no creéis porque no sois de mis ovejas. Mis ovejas oyen mi voz, y yo las conozco y me siguen" (vv. 26-27).[7]

¿Podemos ver que hay un grupo particular a los que Cristo se refiere de múltiples maneras?:

- Él dijo que vino con autoridad para dar vida eterna solo a ese grupo, 'a los que me diste' (Juan 17:2).
- Cristo dijo que había un grupo que no creía en Él, no porque Jesús no hablaba claro, sino porque ellos no eran de Sus ovejas (Juan 10:26-27).
- Jesús solo manifestó Su nombre a un grupo… a los que me diste (Juan 17:6).
- En las últimas horas, solo oró por un grupo: 'los que me diste' (Juan 17:9-10) 'y los que creerán en mí' (vv. 20-21).

OBJECIONES A LA EXPIACIÓN ILIMITADA

Muchos son los que afirman que la expiación de Cristo o Su muerte es ilimitada. Explicado de una forma más sencilla: Cristo murió por toda la humanidad. Ya vimos anteriormente que lo que esa posición presenta no es necesariamente consistente. Recordemos que el día que Cristo murió, ya había gente no redimible en el infierno y que, por tanto, Cristo no murió por ellos. Y si no murió por ellos, entonces, Cristo no murió por el 100% de la humanidad. También hablamos de que si Cristo pagó por los pecados de toda la humanidad, entonces aquellos que van al infierno hoy estarían pagando otra vez por pecados que Cristo ya pagó. Pero hay algo que necesitamos ver en la Palabra.

---

[7] Carl R. Trueman, "Definite Atonement View", en *Perspectives on the Extent of the Atonement: 3 Views*, eds., Andrew David Naselli y Mark A. Snoeberger (Nashville, TN: B&H Publishing Group, 2015), 24-25.

En Romanos 6:1-9, nos encontramos con un pasaje que sería imposible de interpretar si creemos en una expiación ilimitada. Veamos:

¿Qué diremos, entonces? ¿Continuaremos en pecado para que la gracia abunde? ¡De ningún modo! Nosotros, que hemos muerto al pecado, ¿cómo viviremos aún en él? ¿O no sabéis que todos los que hemos sido bautizados en Cristo Jesús, hemos sido bautizados en su muerte? Por tanto, hemos sido sepultados con El por medio del bautismo para muerte, a fin de que como Cristo resucitó de entre los muertos por la gloria del Padre, así también nosotros andemos en novedad de vida. Porque si hemos sido unidos a El en la semejanza de su muerte, ciertamente lo seremos también en la semejanza de su resurrección, sabiendo esto, que nuestro viejo hombre fue crucificado con El, para que nuestro cuerpo de pecado fuera destruido, a fin de que ya no seamos esclavos del pecado; porque el que ha muerto, ha sido libertado del pecado. Y si hemos muerto con Cristo, creemos que también viviremos con El, sabiendo que Cristo, habiendo resucitado de entre los muertos, no volverá a morir; ya la muerte no tiene dominio sobre Él.

Invitamos al lector a leer este pasaje varias veces para que pueda entender mejor las implicaciones de lo que Pablo nos enseña con claridad en este texto. Recordemos que todos los que hemos nacido de nuevo, hemos sido bautizados en Cristo. El versículo 3 señala: "¿O no sabéis que todos los que hemos sido bautizados en Cristo Jesús, hemos sido bautizados en su muerte?". Con esto, Pablo nos está dejando ver que el haber creído para salvación es equivalente al haber sido bautizado en Su muerte porque es Su muerte la que nos trae perdón de pecados. Si entendemos eso, podemos pasar al próximo paso de la argumentación que aparece en el versículo 5: "Porque si hemos sido unidos *a El* en la semejanza de su muerte, ciertamente lo seremos también *en la semejanza* de su resurrección". En ese versículo se nos deja ver con claridad que cada persona que ha sido bautizada en Cristo, en Su muerte (cada persona por la que Cristo murió), tiene la certeza de que resucitará en el día final con Él.[8] Esta es una verdad que se reitera en el versículo 8: "Y si hemos muerto con Cristo, creemos que también viviremos con Él". ¿Por qué decimos que la expiación ilimitada es imposible a partir de ese versículo? Porque si Cristo murió por todos los seres humanos, eso implica que todas las personas han sido bautizadas en Su muerte y si todos han sido bautizados en Cristo, entonces todos los seres humanos resucitarán con Cristo para salvación. Pero esa es la posición universalista y no la posición bíblica.

---

[8] Colin G. Kruse, *Paul's Letter to the Romans*, Pillar New Testament Commentary, ed. D. A. Carson (Grand Rapids, MI: Wm. B. Eerdmans Publishing Co., 2012), 261-64.

Expiación limitada: objeciones

A lo largo de los años, muchos son los que han elevado objeciones en contra de la posición de la 'expiación limitada'. Estas objeciones se basan en varios pasajes del Nuevo Testamento:

Juan 1:29: "Al día siguiente vio a Jesús que venía hacia él, y dijo: He ahí el Cordero de Dios que quita el pecado del mundo".

1 Juan 2:2: "El mismo es la propiciación por nuestros pecados, y no sólo por los nuestros sino también por *los* del mundo entero".

2 Corintios 5:19: "A saber, que Dios estaba en Cristo reconciliando al mundo consigo mismo, no tomando en cuenta a los hombres sus transgresiones, y nos ha encomendado a nosotros la palabra de la reconciliación".

En estos pasajes, el argumento frecuentemente tiene que ver con el entendimiento de la palabra **mundo**. Sabemos por estos mismos pasajes que la palabra mundo aquí no significa el cien por ciento de los individuos.[9] De ser así, entonces, ¿cómo entenderíamos la frase: "Dios estaba reconciliando al mundo consigo mismo"? Si la palabra mundo significa toda la humanidad, entonces toda la humanidad iría a la presencia de Dios porque entonces toda la humanidad quedó reconciliada con Dios a través de la muerte de Cristo. Necesitamos entender que, para los judíos de aquella época, el Mesías venía solo para ellos, los judíos. Los judíos creían todo el tiempo que la salvación era a través de Abraham y que solamente ellos se iban a salvar. De hecho muchos judíos del primer siglo creían que los gentiles fueron creados por Dios como combustible para mantener el infierno prendido, literalmente. Y Dios les estaba ayudando a entender que no. Que Cristo vino por gente de todo pueblo, tribu y nación. La palabra mundo en el Nuevo Testamento frecuentemente significa todo tipo de persona sin distinción, pero no el cien por ciento de los individuos sin excepción. Lo que acabo de mencionar es evidente en varios pasajes de las Escrituras.

Cuando Pablo estuvo en Éfeso y la ciudad comenzó a responder al evangelio, mucha gente que practicaba la magia comenzó a quemar sus libros (Hech. 19:19) y templecillos de la diosa Diana. Entonces se produjo un gran alboroto. Como resultado, esto es lo que ocurrió:

> *Y veis y oís que no sólo en Efeso, sino en casi toda Asia, este Pablo ha persuadido a una gran cantidad de gente, y la ha apartado, diciendo que los* dioses *hechos con las manos no son dioses* verdaderos. Y *no sólo corremos el peligro de que nuestro oficio caiga en descrédito, sino también de que el templo de la gran diosa Diana se considere sin valor, y que ella, a quien adora toda Asia y el mundo entero, sea despojada de su grandeza" (Hech. 19:26-27).*

---

[9] Para mejor entendimiento de la palabra *mundo*, véase Everett F. Harrison, s.v. "World", *Evangelical Dictionary of Theology*, ed. Walter A. Elwell (Grand Rapids, MI: Baker Academics, 1990), 1190-91.

Prestemos atención a cómo el texto señala que el mundo entero adoraba a la diosa Diana, lo cual no era cierto. La expresión 'el mundo entero' habla de todo tipo de personas y en múltiples lugares. Lo mismo ocurre cuando la Palabra da a entender que Cristo murió por el mundo entero.

En Hechos 24:5 vemos un uso parecido de la frase 'mundo entero'. Y así aparece escrito por Lucas: "Pues hemos descubierto que este hombre es verdaderamente una plaga, y que provoca disensiones entre todos los judíos por el mundo entero, y *es* líder de la secta de los nazarenos". Pablo no había causado divisiones y problemas en el mundo entero, pero su presencia había originado discusiones en múltiples lugares. Había muchas regiones en las que Pablo no había estado. No había estado en Roma, por ejemplo, ni en el área de España adonde quería llegar. 'Por el mundo entero' se entiende como una expresión que abarca mucho, o gran territorio, como lo vimos más arriba, y a la humanidad en general. Ciertamente Cristo murió por todo tipo de personas: hindúes, chinos, americanos, peruanos, dominicanos; por personas de raza caucásica y por personas de raza negra; por hombres altos y por pequeños; por mujeres, etc. Entonces, Cristo murió por todos los hombres sin *distinción*, pero no por todos los hombres sin *excepción*. Esa es una diferencia. Cristo murió por todos los hombres sin *distinción* de sexo, de edad, de género, de nacionalidad pero no por todos los hombres sin *exceptuar a ninguno*.

La siguiente objeción tiene que ver con el pasaje de 2 Pedro 3:9 que dice: "El Señor no tarda en *cumplir* su promesa, según algunos entienden la tardanza, sino que es paciente para con vosotros, no queriendo que nadie perezca, sino que todos vengan al arrepentimiento". Para entender este pasaje, la Palabra tendrá que interpretar a la Palabra. El pasaje de 2 Pedro que acabamos de ver parece decir que Dios quiere que todos vengan al arrepentimiento; pero sabemos que no todos se arrepienten. ¿Significa eso que hay cosas que Dios desea que no puede cumplir? No, de acuerdo a Isaías 46:10-11: "Todo lo que quiero realizaré". Dios declara a través de este profeta que todo lo que Él quiere o desea lo lleva a cabo. Si es así entonces, ¿cómo es que el pasaje de 2 Pedro dice que Dios quiere que todos vengan al arrepentimiento, pero no ocurre? La respuesta a esta pregunta radica en el hecho de que la palabra "todo" en el Nuevo Testamento, raramente, significa el cien por ciento de los individuos.

En Juan 6:39, la palabra 'todo' significa solamente aquellos a quienes el Padre le ha dado al Hijo: "Y esta es la voluntad del que me envió: que de **todo** lo que El me ha dado yo no pierda nada, sino que lo resucite en el día final". (Énfasis agregado). Lo mismo podemos ver en estos otros pasajes:

Juan 12:32: "Y yo, si soy levantado de la tierra, atraeré **a todos** a mí mismo". (Énfasis agregado). Creo que está claro en este pasaje que cuando Jesús fue levantado (crucificado), Él no atrajo a todo el mundo hacia Él, pero sí atrajo a todo tipo de personas.

En Mateo 10:22, vemos de nuevo que la palabra "todo" solo puede significar todo tipo de personas y no otra cosa: "Y seréis odiados **de** todos por causa de mi nombre, pero el que persevere hasta el fin, ése será salvo". (Énfasis agregado). No todo el mundo odió a los discípulos o a los cristianos en general.

Si la palabra 'todos' implica el cien por ciento de las personas, entonces el texto de 1 Timoteo 4:10 parecería apoyar la doctrina del universalismo (toda la humanidad será salva) y esa posición no es bíblicamente congruente. 1 Timoteo 4:10 dice: "Porque por esto trabajamos y nos esforzamos, porque hemos puesto nuestra esperanza en el Dios vivo, que es el Salvador de **todos** los hombres, especialmente de los creyentes". (Énfasis agregado). Este comentario de Carl Trueman es de gran ayuda: "Así, 'todo' en 4:10 se refiere nuevamente a todo tipo de personas y al amor de Dios que es universal en el sentido de que no es restringido a ninguna categoría social. Así Dios está ciertamente disponible a todo tipo de personas porque hay un solo Dios y un mediador; pero eso es una realidad solamente para aquellos que actualmente creen."[10]

Finalmente leemos en Marcos 1:5: "Y acudía a él **toda** la región de Judea, y **toda** la gente de Jerusalén, y confesando sus pecados, eran bautizados por él en el río Jordán". Mucha gente de Judea y de Jerusalén acudió a ver y a escuchar a Juan el Bautista, pero no todos.

Creo que estos ejemplos son suficientes para probar que en el Nuevo Testamento, la palabra 'todo' no significa el cien por ciento de las personas, pero sí todo tipo de personas.

REFLEXIÓN FINAL

La doctrina de la expiación ilimitada es quizás la más difícil de aceptar para muchos creyentes como ya hemos mencionado. Pero en gran medida esto se debe a que, desde temprana edad, hemos oído que Cristo murió por el mundo entero. Y en un sentido, eso es cierto como explicamos más arriba, si entendemos como 'mundo entero', el hecho de que Cristo murió por personas de toda tribu, lengua, pueblo y nación. Ya vimos la demostración de esta verdad.

Por otro lado, de manera personal, se me hace difícil pensar que personas por las que Cristo pagó con sangre terminen en el infierno (expiación ilimitada). Es más congruente pensar que cada persona por la que Cristo dio Su sangre termina en la presencia de Dios justamente porque corresponde al grupo que el Padre le ha dado al Hijo, como los textos anteriores claramente señalan.

Las doctrinas de la gracia forman un todo monolítico. Tiene sentido que si Dios Padre hizo la elección en la eternidad pasada, esa elección sea consistente con el sacrificio que Su Hijo vino a ofrecer. ¿Vendría Cristo a morir por personas que Su Padre no eligió desde antes de la fundación del mundo? ¿Cuál sería el propósito de morir por personas no elegidas que no tendrían salvación? De haber sido ese el diseño, la muerte del Hijo por ese grupo no electo, sería un sinsentido porque no tendría ningún propósito.

Recordemos siempre que justo no es lo que nuestra mente finita concibe, sino todo lo que Dios hace porque ese es Su carácter. Y si eso que Él hace es revelado, entonces es nuestra responsabilidad creerlo.

---

[10] Trueman, *Perspectives on the Extent of the Atonement,* 35.

El próximo capítulo ha sido reservado para escudriñar la doctrina llamada "perseverancia de los santos"; la enseña de que aquellos que han recibido salvación son preservados por la gracia de Dios hasta el final. Esta es una doctrina revelada en la Palabra, pero también es una doctrina fácil de deducir a partir de todas las enseñanzas anteriores.

9

Perseverancia de los santos

> "Y a aquel que es poderoso para guardaros
> sin caída y para presentaros sin mancha en
> presencia de su gloria con gran alegría, al
> único Dios nuestro Salvador, por medio de
> Jesucristo nuestro Señor, *sea* gloria, majestad,
> dominio y autoridad, antes de todo tiempo, y
> ahora y por todos los siglos. Amén".
>
> *JJudas 1:24-25*

INTRODUCCIÓN

Creo que es preferible llamar a esta doctrina: "*la preservación de los santos*" porque en el último análisis, no es tanto que nosotros perseveramos, sino que nosotros somos preservados por Dios. Otros han llamado a esta doctrina: "*la perseverancia de Dios*" para hacer referencia a que realmente es Dios quien persevera en la búsqueda del incrédulo, la santificación del que ha creído y la protección de los justos hasta el final.[1]

Múltiples son los pasajes que atestiguan esta gran verdad. Si cada creyente se detuviera a meditar acerca del pasado, podría, probablemente, recordar algún momento en que Dios intervino, donde de no ser así, podría haberse perdido o al menos desviado grandemente.

Cada una de estas doctrinas que hemos venido analizando está arraigada fundamentalmente en el carácter de Dios; y la doctrina de "*la perseverancia de los santos*" no es la excepción. En cierta manera podríamos decir que todas las doctrinas bíblicas son el reflejo del carácter de Dios en diferentes áreas de la vida del creyente. Si pensamos en la doctrina de la encarnación, podríamos decir que ella refleja a un Dios que no conoce límites para hacer las cosas, cuyo amor lo movió a dejar la gloria para venir en nuestro rescate. En el caso de la perseverancia, o la preservación de los santos, podemos ver a un Dios fiel al pacto de la promesa. El Dios que nos salva es el Dios que nos

---

[1] James Montgomery Boice, *Los fundamentos de la fe cristiana* (Miami: Unilit, 1996), 526-34.

santifica. El Dios que nos buscó cuando estábamos perdidos en delitos y pecados es el Dios que nos busca cuando nos desviamos después de haber creído. Si lo hizo en nuestro estado de incredulidad, ¿cómo no lo haría ahora que hemos creído? Por eso escribió el apóstol Pablo: "Porque si cuando éramos enemigos fuimos reconciliados con Dios por la muerte de su Hijo, mucho más, habiendo sido reconciliados, seremos salvos por su vida" (Rom. 5:10). La idea de Pablo es ayudar al creyente a meditar acerca del hecho de que si Dios nos reconcilió por medio de Su Hijo estando nosotros en un estado de enemistad con Dios, entonces podemos confiar en ese Dios mucho más ahora que somos sus hijos.[2] Dios haría por un hijo más de lo que hizo por un enemigo y aún así dio lo mejor: a Su Hijo.

La perseverancia de los santos: definición

A la luz de la revelación de Dios, puedo definir la doctrina de la *perseverancia de los santos* de la siguiente manera: "Los que verdaderamente han nacido de nuevo serán *preservados* por el poder de Dios hasta el final. Y los que así perseveran dan evidencia de que ciertamente fueron regenerados por Dios (nacieron de nuevo)". La mejor evidencia de que soy salvo es mi perseverancia en el camino, la cual ocurre dada la paciencia y el amor de Dios para con los suyos. "El que persevere hasta el fin, ése será salvo", leemos en Mateo 10:22 porque Dios protege a los suyos, y los hace perseverar. Esta quizás sea una de las doctrinas más claramente enseñadas en la Palabra de Dios.

Comencemos por revisar algunos de los pasajes que apoyan lo que estamos diciendo. En Romanos 11:29 leemos que: "los dones y el llamamiento de Dios son **irrevocables**". (Énfasis agregado). Hay irrevocabilidad en mi llamamiento de acuerdo a lo revelado. Por otro lado, Pablo señala en Romanos 6:23 que "la dádiva de Dios es vida eterna en Cristo Jesús Señor nuestro". Si la vida eterna es un don y los dones de Dios son irrevocables, mi vida eterna es irrevocable, como también lo es mi llamamiento. Ahí está arraigada la seguridad de la salvación.

El carácter de Dios y la perseverancia de los santos

1. La fidelidad de Dios y nuestra perseverancia

Dios afirma de múltiples maneras que Él es fiel; lo afirma en el Antiguo Testamento (Deut. 7:9; Sal. 33:4; Lam. 3:22-23; Mal. 3:6; Ex. 34:6) y lo reitera en el Nuevo Testamento hasta el punto que Pablo le dice a Timoteo que aun cuando nosotros somos infieles, Él permanece fiel (2 Tim. 2:13). El apóstol Pablo, quizás mejor que cualquier otro autor del Nuevo Testamento, nos deja ver que las doctrinas que creemos tienen su origen en el carácter de Dios, y la perseverancia de los santos es una de ellas. Observemos cómo Pablo explica

---

[2] James Montgomery Boice, *Romans, Vol. 2* (Grand Rapids, MI: Baker Books, 1992), 544-45.

algo similar a los filipenses: "estando convencido precisamente de esto: que el que comenzó en vosotros la buena obra, la perfeccionará hasta el día de Cristo Jesús" (Fil. 1:6). Esta gran verdad puede ser resumida en una frase sencilla: "lo que Dios comienza, Dios lo termina". Gordon Fee escribe lo siguiente hablando de la seguridad del creyente en Cristo:

> *Creyentes en Cristo son personas del futuro; un futuro seguro que ha comenzado en el presente. Son 'ciudadanos del cielo' (3:20), que viven la vida del cielo, en el presente en cualquier circunstancia en la que se encuentren.*[3]

Afirmar que la salvación puede perderse es creer que de alguna manera nosotros comenzamos la salvación. Esa es la razón por la que aquellos que afirman que nosotros elegimos nuestra salvación y no Dios, también afirman con frecuencia que es posible, después de ser regenerados, perder dicha salvación. Pero, si tengo la convicción, por la Palabra, de que no tenemos ninguna participación en la salvación (*monergismo*), excepto el recibirla como un don de Dios (Ef. 2:8-9), entonces, ¿cómo puede ser posible perderla? Si Dios la otorgó cuando éramos Sus enemigos, como no nos dará todas las cosas ahora que somos Sus hijos.

Es interesante ver cómo se usa la parábola de las cien ovejas para evangelizar y para explicar que Dios, el Buen Pastor, sale a buscar a aquellos que aún no tienen salvación. Esa parábola aparece en Lucas 15 donde encontramos tres enseñanzas relacionadas con la salvación, una detrás de la otra. Dios sale a buscar al que aún no ha creído, afirma esta parábola de las cien ovejas. Pero ¿cómo es posible que podamos creer eso y al mismo tiempo pensar que si un hijo de Dios se extravía del redil, entonces se perderá? ¿No sería Dios aún más fiel (si fuera posible) para ir en búsqueda de Su hijo que en búsqueda de alguien que se encuentra perdido? Creo que la respuesta es clara: Por supuesto. Como bien dice Philip Ryken: "Qué seguridad debe dar esto a todas las ovejas que Él (el Buen Pastor) ya ha encontrado."[4]

Parece haber un temor en la mente de tantos líderes de que si predicamos esta doctrina, muchos adoptarían un libertinaje y comenzarían a disfrutar la "buena vida". De pensar así, creo que no estamos entendiendo la doctrina de la regeneración. Cuando el Espíritu de Dios nos regenera, Su morada cambia nuestra manera de pensar y de sentir. Nuestros deseos ya son otros y, por tanto, el pecado de ese nuevo creyente que sigue pecando ya tiene otra connotación. Cuando peca, su pecado le pesa; su conciencia lo atormenta y no tiene paz en medio del pecado. No ocurre así con el no regenerado. Si algún hermano hace una profesión de fe y luego piensa, "ya salvo, siempre salvo y por tanto voy a disfrutar de la buena vida", esa persona está dando evidencia de que realmente no es salvo. La mente cambiada por el Espíritu

---

[3] Gordon D. Fee, *Paul's Letter to the Philippians*, New International Commentary on the New Testament (Grand Rapids, MI: Wm. B. Eerdmans Publishing Co., 1995), 88.
[4] Philip Graham Ryken, *Luke, Vol. 2*, Reformed Expository Commentary, eds. Richard D. Phillips y Philip Graham Ryken (Phillipsburg, NJ; P&R Publishing, 2009), 106.

de Dios realmente no piensa de esa forma.

Notemos cómo el profeta Isaías expresa esta gran verdad de la cual venimos hablando: "Porque los montes serán quitados y las colinas temblarán, pero mi misericordia no se apartará de ti, y el pacto de mi paz no será quebrantado —dice el Señor, que tiene compasión de ti" (Isa. 54:10). Solo en este texto hay dos frases de suma importancia: "mi misericordia no se apartará de ti" y "el pacto de mi paz no será quebrantado". La razón por la que Dios expresa estas ideas acerca de Su fidelidad hacia nosotros es por algo que Él expresa en el mismo versículo: "porqué tengo compasión de ti". "La estabilidad y la inmutabilidad de la promesa de gracia de Dios es ahora mostrada a través de una comparación con las montañas y los cerros. A los ojos de los hombres, nada parece más permanente."[5] Somos Sus hijos y Dios mira con ojos de compasión a todos y cada uno de Sus hijos. Su compasión hace que Dios preserve el pacto que hizo con nosotros: un pacto de paz, un pacto eterno. Como Su misericordia no se apartará de mí, mis pecados seguirán siendo perdonados cada vez que me acerco en arrepentimiento, porque cada vez que voy al trono encuentro misericordia… porque Dios promete no apartar ese atributo de aquellos que somos Sus hijos.

Los profetas conocían el carácter de Dios mejor que lo que nosotros podemos conocerlo y eso los llevó a creer en la doctrina de la perseverancia o preservación de los santos. Jeremías 32:40 comienza diciendo: "Haré con ellos un pacto eterno…"; notemos que no habla de algo temporal; o de algo que perdurará hasta que Sus hijos se desvíen, o hasta que se pierdan. Es un pacto eterno porque Dios no se apartará de ellos, "para hacerles bien" (v. 40b). El texto de Jeremías 32:40 continua: "e infundiré mi temor en sus corazones para que no se aparten de mí". Con esas palabras, Dios nos muestra de qué manera evita que Sus hijos se aparten de Él y, a la vez, de manera indirecta, pone de manifiesto que si Dios no interviniera, nosotros terminaríamos alejándonos de Su presencia. La perseverancia es un regalo de Dios y el trabajo del Espíritu Santo. Por tanto el curso entero de nuestras vidas es dirigido por el Espíritu de Dios, de manera que al final, no menos que al comienzo, tiene que ser atribuido a Su gracia.[6]

Dios habló por medio de Jeremías haciendo alusión al nuevo pacto en Su sangre que Cristo estaría firmando en un futuro. Y se refirió a ese pacto como un pacto eterno.

2. El poder de Dios y nuestra perseverancia

Su poder invencible me preserva para que no vaya a la deriva. Una vez que nosotros logramos entender ciertas doctrinas, es increíble luego ver la frecuencia con que estas doctrinas aparecen en el relato bíblico y que antes quizás habíamos pasado por alto. Pablo escribe a Timoteo y trata de animarlo

---

[5] Edward J. Young, *The Book of Isaiah, Vol. 3* (Grand Rapids, MI: Wm. B. Eerdmans Publishing Co., 1972), 567.

[6] John Calvin, *Jeremiah, Vol. 4*, The Geneva Series of Commentaries (Edinburgh: Banner of Truth, 1989), 217.

como discípulo más joven en la fe y le dice: "Por lo cual también sufro estas cosas, pero no me avergüenzo; porque yo sé en quién he creído, y estoy convencido de que es poderoso para guardar mi depósito hasta aquel día" (2 Tim. 1:12). Cuando Pablo escribe al final de sus días, este gran misionero y teólogo no expresa su confianza en su conocimiento, en su experiencia o en cualquier otra cosa que tuviera que ver con él, sino en Dios. Pablo estaba convencido de que las fuerzas y los vientos de la vida son capaces de arrastrarnos lejos de Dios. Por eso, Pablo hace referencia a la fidelidad de Dios que pone a nuestra disposición Su poder para evitar nuestras caídas permanentes.

El versículo que aparece en el encabezado de este capítulo, que figura en Judas 1:24-25, expresa lo siguiente:

> *Y a aquel que es poderoso para guardaros sin caída y para presentaros sin mancha en presencia de su gloria con gran alegría, al único Dios nuestro Salvador, por medio de Jesucristo nuestro Señor, sea gloria, majestad, dominio y autoridad, antes de todo tiempo, y ahora y por todos los siglos. Amén.*

Este pasaje vuelve a hablar del poder de Dios en la protección de Sus hijos, pero quiero mencionarlo porque de una forma clara nos deja ver que ese poder es capaz de protegernos y de guardarnos sin caída... no sin pecado, pero sí, sin caer de un estado de gracia a un estado de condenación. El Hijo quiere presentarme al Padre, "sin macha y con gran alegría" debido a que Él lavó mis pecados en Su sangre al ir a la cruz. "Después que todo ha sido humanamente hecho para evitar el cáncer de la apostasía, es el poder del Dios Todopoderoso, nuestro salvador, mediado a través de Jesucristo que es capaz de 'guardarte sin caída'".[7]

Ya vimos cómo Dios nos promete vida eterna y por otro lado también vimos cómo Dios hace uso de Su poder para protección de los suyos. El Señor Jesús, en el aposento alto, hablando a Sus discípulos juntó esas dos ideas en una enseñanza:

> *Mis ovejas oyen mi voz, y yo las conozco y me siguen; y yo les doy vida eterna y jamás perecerán, y nadie las arrebatará de mi mano. Mi Padre que me las dio es mayor que todos, y nadie las puede arrebatar de la mano del Padre* (Juan 10:27-29).

A Su paso por la tierra, Dios Padre le entregó al Hijo once discípulos (Judas excluido) para que Cristo los guardara, lo cual hizo; pero a la hora de morir, Jesús entendió que por unas horas (de viernes a domingo), Él estaría fuera de acción y como estaba preocupado por esos a quienes Él había guardado, le pide al Padre que los guarde durante esa hora difícil que le esperaba donde ellos ya no tendrían Su presencia inmediata y estarían deprimidos por

---

[7] J. Daryl Charles, "Jude", *The Expositor's Bible Commentary, Vol. 13*, ed. rev., eds. Tremper Longman III y David E. Garland (Grand Rapids, MI: Zondervan, 2006), 569.

Su muerte y sin esperanza de resurrección, la cual no había ocurrido. Y esas palabras que pronuncia apenas horas antes de su muerte, aparecen registradas en Juan 17:

> *Ya no estoy en el mundo,* pero *ellos sí están en el mundo, y yo voy a ti. Padre santo, guárdalos en tu nombre, el* nombre *que me has dado, para que sean uno, así como nosotros. Cuando estaba con ellos, los guardaba en tu nombre, el* nombre *que me diste; y los guardé y ninguno se perdió, excepto el hijo de perdición, para que la Escritura se cumpliera. Pero ahora voy a ti; y hablo esto en el mundo para que tengan mi gozo completo en sí mismos (Juan 17:11-13).*

Dios Padre podía hacer esto porque es mayor que todos. Jesús pide al Padre que los guarde en Su nombre; todo lo que Su nombre representaba, todo Su poder y Su autoridad; a través de todos y cada uno de Sus atributos.[8]

Una vez más podemos ver cómo la doctrina de la perseverancia de los santos está más bien arraigada en el carácter de Dios que en cualquier otra cosa. Pensamos que la salvación puede perderse cuando la confianza está puesta en el hombre y sus obras. Si le dejamos al hombre la perseverancia, ese hombre va a perderse porque no tiene lo que se requiere para vencer los deseos de su carne, la seducción del mundo y las fuerzas de las tinieblas que operan contra él.

3. La misericordia de Dios y nuestra perseverancia

Pedro escribe su primera carta a un grupo de personas que estaban bajo persecución, esparcidas durante la diáspora judía del primer siglo. Este mensaje de Pedro era y es importante para todo creyente, pero en especial para aquellos que están bajo presión por el ejercicio de su fe. Prestemos atención cómo Pedro anima y fortalece la fe de sus hermanos en estos versículos. Con la finalidad de destacar ciertas verdades, hemos introducido entre corchetes algunos comentarios en el pasaje que sigue:

> *Bendito sea el Dios y Padre de nuestro Señor Jesucristo, quien según su gran misericordia [el carácter de Dios], nos ha hecho nacer de nuevo [Dios me hace nacer de nuevo; es un don de Dios] a una esperanza viva, mediante la resurrección de Jesucristo de entre los muertos, para obtener una herencia incorruptible, inmaculada, y que no se marchitará [por eso es una esperanza viva y permanente], reservada en los cielos para vosotros, que sois protegidos por el poder de Dios [nuestro Dios protege nuestra salvación] mediante la fe, para la salvación que está preparada para ser revelada en el último tiempo (1 Pedro 1: 3-5).*

---

[8] J. Ramsey Michaels, *The Gospel of John*, New International Commentary on the New Testament (Grand Rapids, MI: Wm. B. Eerdmans Publishing Co., 2010), 866-71.

Una vez más podemos ver en las Escrituras el énfasis hecho, no en la habilidad del hombre de conservar su fe, sino en el carácter de Dios que cuida con esmero a aquellos que son suyos de la misma manera que los padres terrenales cuidan de sus hijos. Si nuestros padres no cuidaran de nosotros desde el momento que nacemos hasta que estamos listos para enfrentar la vida, las probabilidades de sobrevivencia serían nulas porque un niño no puede cuidarse a sí mismo a lo largo de su vida. De esa forma, nosotros no estamos preparados para enfrentarnos a un enemigo que es mayor que nosotros en número, poder y astucia; y que además no podemos ver. Dios no permitirá que perdamos algo que Su Hijo compró a precio de sangre, que Él nos entregó y que Él nos ha prometido. Esta seguridad la expresa el apóstol Pablo en estas palabras de Romanos 8:37-39:

> *Pero en todas estas cosas somos más que vencedores por medio de aquel que nos amó. Porque estoy convencido de que ni la muerte, ni la vida, ni ángeles, ni principados, ni lo presente, ni lo por venir, ni los poderes, ni lo alto, ni lo profundo, ni ninguna otra cosa creada nos podrá separar del amor de Dios que es en Cristo Jesús Señor nuestro.*

Nada ni nadie nos puede separar del amor de Dios, ni el creyente mismo porque él está incluido en la frase "ni ninguna otra cosa creada". Los Estándares de Westminster resumen esta doctrina:

> XVII.1 *Los que han sido aceptados por Dios en su Hijo Amado, eficazmente llamados y santificados por su Espíritu, no pueden caer total ni finalmente del estado de gracia, sino que ciertamente perseverarán en ella hasta el final y serán salvos eternamente.*

> XVII.2 *Esta perseverancia de los santos no depende de su propio libre albedrío, sino de la inmutabilidad del decreto de Dios, el Padre; de la eficacia del mérito e intercesión de Cristo Jesús, de la permanencia del Espíritu y de la simiente de Dios dentro de ellos; y de la naturaleza del Pacto de la Gracia. De todo esto, surge también la certeza e infalibilidad de la perseverancia.*[9]

A la hora de traer juicio sobre la tierra, Dios tendrá misericordia de Sus elegidos para evitar justamente que estos sean perdidos o engañados. Eso expresó el Señor Jesús en Sus últimos días antes de morir: "Y si el Señor no hubiera acortado aquellos días, nadie se salvaría; pero por causa de los escogidos que Él eligió, acortó los días" (Mar. 13:20). Notemos con cuánta claridad Jesús expresó que es Su intervención la que preservará a este grupo de creyentes en medio de mucha tribulación.

---

[9] *Los estándares de Westminster: Confesión, catecismos y formas de gobierno* (Guadalupe, Costa Rica: Confraternidad Latinoamericana de Iglesias Reformadas, 2010), 61.

La obra de Dios es completa

Dios no existe en el tiempo, ni en el espacio. Él lo ve todo como un presente continuo. Cuando Dios establece el soporte, ya ha visto cómo lucirá el edificio completo, porque Dios no ve nada parcialmente; todo lo sabe completamente y desde la eternidad. Esa es la razón por la que Pablo puede decir que "a los que de antemano [Dios] conoció [tiempo pasado]... los predestinó [tiempo pasado] y a los que predestinó, a ésos también llamó [tiempo pasado]; y a los que llamó, a ésos también justificó [tiempo pasado]; y a los que justificó, a ésos también glorificó" (Rom. 8:30). Nuestra glorificación es una acción futura, pero Dios la expresa en tiempo pasado porque aquello que Dios comienza, Dios lo termina. El texto de Romanos 8:30 niega también la posibilidad de la pérdida de nuestra salvación.

A lo largo del Nuevo Testamento, Dios nos muestra esta doctrina de muchas maneras. En Efesios, reconocida por muchos como la epístola de la iglesia, Dios nos revela a través de Pablo otra de las 'joyas' de Su revelación:

> *En Él también vosotros, después de escuchar el mensaje de la verdad, el evangelio de vuestra salvación, y habiendo creído, fuisteis sellados en Él con el Espíritu Santo de la promesa, que nos es dado como garantía de nuestra herencia, con miras a la redención de la posesión adquirida de Dios, para alabanza de su gloria (Ef. 1:13-14).*

Bryan Chapell afirma con relación a este pasaje que "[a]quellos que forman parte del plan de redención de Dios son marcados con un sello que garantiza el recibir los derechos completos de la herencia de Dios en un reino redimido y de justicia."[10] El mismo autor más adelante menciona que "el Espíritu es un depósito que garantiza la redención que ha de venir."[11]

Su voluntad soberana

Dios declara en Su Palabra que Su voluntad no puede ser coartada, y lo afirma en diferentes pasajes de las Escrituras. A continuación uno de estos pasajes:

> *... [Y]o soy Dios, y no hay ninguno como yo, que declaro el fin desde el principio y desde la antigüedad lo que no ha sido hecho. Yo digo: "Mi propósito será establecido, y todo lo que quiero realizaré." Yo llamo del oriente un ave de rapiña, y de tierra lejana al hombre de mi propósito. **En verdad he hablado, ciertamente haré que suceda; lo he planeado, así lo haré** (Isa. 46:9b-11, énfasis agregado).*

---

[10] Bryan Chapell, *Ephesians*, Reformed Expository Commentary, eds. Richard D. Phillips y Philip Graham Ryken (Phillispsburg, NJ: P&R Publishing Company, 2009), 54.
[11] Ibíd.

En la eternidad pasada Dios planificó mi salvación de tal forma que, como la Palabra establece, fuimos elegidos desde entonces para la alabanza de Su gloria (Ef. 1). No hay manera de que esa voluntad pueda ser variada porque lo que Dios planifica, eso lleva a cabo. Dios, que nos eligió desde antes de la fundación del mundo no variará Su opinión respecto nuestra salvación después de habernos elegido en la eternidad pasada. Con relación a la salvación y a la voluntad de Dios, Cristo nos habló aún más claramente al establecer la diferencia entre Judas y los otros once discípulos:

> *Porque he descendido del cielo, no para hacer mi voluntad, sino la voluntad del que me envió. Y esta es la voluntad del que me envió: que de todo lo que El me ha dado yo no pierda nada, sino que lo resucite en el día final. Porque esta es la voluntad de mi Padre: que todo aquel que ve al Hijo y cree en El, tenga vida eterna, y yo mismo lo resucitaré en el día final (Juan 6: 38-40).*

Robert Gundry comenta lo siguiente sobre este pasaje: "Afortunadamente, en el caso de aquellos que el Padre le ha dado a su Hijo, ver es creer."[12] De acuerdo este pasaje, ninguno de aquellos que el Padre le ha dado al Hijo, se perderá, sino que más bien resucitará en el día final. Si esa es la voluntad del Padre de acuerdo texto anterior y la voluntad del Padre no puede ser coartada como vimos más arriba, entonces otra vez más y desde un ángulo diferente podemos apreciar la garantía de los santos desde el momento de haber creído hasta su entrada en la gloria.

LA APOSTASÍA Y LA PERSEVERANCIA DE LOS HIJOS DE DIOS

Dado todo lo anterior, algunos podrían argumentar que si la salvación no se pierde, no es posible apostatar de la fe, cuando en realidad la Palabra sí habla de la apostasía de personas que han profesado la fe (2 Tes. 2:3; 1 Tim. 4:1). En este punto necesitamos hacer una diferencia entre lo que es apostatar de la fe y lo que es perder el reino de los cielos. Cuando alguien profesa la fe, e incluso se bautiza, y luego, años después se va al mundo, ¿está perdiendo su salvación o está dando evidencia de que nunca creyó? Algunos podrían responder de una manera y otros de otra; pero al final del camino, solo nos queda hacernos una pregunta: ¿qué dice la Biblia?

El apóstol Juan, hacia el final de su vida, nos da la respuesta a esa pregunta de una manera clara: "Salieron de nosotros, pero *en realidad* no eran de nosotros, porque si hubieran sido de nosotros, habrían permanecido con nosotros; pero *salieron*, a fin de que se manifestara que no todos son de nosotros" (1 Jn. 2:19). Juan, inspirado por el Espíritu, nos dice que la permanencia del creyente dentro del pueblo de Dios es la evidencia de que realmente esa persona era y es salva. Algunos salen como salió Judas, pero al salir y

---

[12] Robert H. Gundry, *Commentary on the New Testament* (Peabody, MA: Hendrickson Publishers, Inc., 2010), 384.

traicionar al Maestro puso en evidencia que él siempre fue un lobo entre ovejas (Juan 17:12). Juan, el mismo evangelista que escribe acerca de estas cosas que acabamos de mencionar, nos dice que Jesús sabía desde el principio quién lo iba a entregar.

Pedro negó a Jesús tres veces, pero no apostató de la fe. ¿Por qué? Porque Jesús había orado por Pedro justamente para que Pedro no abandonara la fe. Lucas es quien nos revela ese detalle: "Simón, Simón, mira que Satanás os ha reclamado para zarandearos como a trigo; pero yo he rogado por ti para que tu fe no falle; y tú, *una vez que hayas regresado*, fortalece a tus hermanos" (Luc. 22:31-32). Nota cómo Jesús afirma que antes de su caída, ya había rogado por Pedro con la intención expresa de que no falle. Y así fue. Él negó a Jesús, pero volvió a Jesús, lo cual no pasó con Judas. Presta atención a las palabras de Jesús cuando dice: "y tú, una vez que hayas regresado…", las cuales revelan la certidumbre de Jesús de que Pedro regresaría. En ningún momento hay dudas de que Pedro fuera un discípulo genuino. ¿Qué le pasó a Pedro y qué le pasó a Judas? Judas se perdió y se ahorcó (Mat. 27:1-5); mientras que Pedro regresó y se convirtió en el líder de la iglesia el día de Pentecostés. Eso no fue accidental.

OBJECIONES A LA DOCTRINA DE LA PERSEVERANCIA DE LOS SANTOS

De todas las objeciones presentadas a la doctrina de la perseverancia de los santos, quizás la más difícil de responder es aquella que algunos hacen con referencia al texto de Hebreos 6:4-6 que dice:

> *Porque en el caso de los que fueron una vez iluminados, que probaron del don celestial y fueron hechos partícipes del Espíritu Santo, que gustaron la buena palabra de Dios y los poderes del siglo venidero, pero* después *cayeron, es imposible renovarlos otra vez para arrepentimiento, puesto que de nuevo crucifican para sí mismos al Hijo de Dios y le exponen a la ignominia pública.*

Las reglas básicas de la hermenéutica bíblica establecen que la Palabra debe interpretar a la Palabra y que un pasaje un tanto oscuro debe interpretarse a la luz de un pasaje claro. Por eso al comenzar a explicar este texto debemos recordar todos y cada uno de los pasajes anteriores que avalan el hecho de que Dios preserva a los suyos. Pero por otro lado, creo que es beneficioso que podamos examinar con detenimiento algunos de los términos que aparecen en este pasaje. Veamos:

"Una vez iluminados". Las personas que son expuestas a la Palabra de Dios y sobre todo si esta exposición ha ocurrido de manera repetitiva, pueden ser consideradas como iluminadas porque han recibido verdades que otros ni siquiera han escuchado. Judas fue iluminado con la Palabra por dos o tres años. Él escuchó los mismos sermones que los demás y las mismas explicaciones, pero a la hora de la prueba, puso de manifiesto toda la oscuridad que se escondía en su interior. Iluminado no implica que es salvo. "Por tanto la referencia del autor a ser iluminados aquí probablemente corresponde a 10:26: 'después de haber recibido el conocimiento de la verdad.'"[13] No creo que recibir el conocimiento de la verdad sea equivalente a haber creído, abrazado y confiado en la verdad.

"Probaron del don celestial y fueron hechos partícipes del Espíritu Santo". Todo el que está dentro de la iglesia ha probado de una u otra manera del don celestial y ha sido participe del mover del Espíritu, sin lugar a dudas. Cuando dentro de esa congregación, alguien nace de nuevo, los miembros de esa congregación pueden observar la obra de transformación del Espíritu de Dios, de manera que ellos son testigos del don celestial de la salvación en otros y del mover de Dios. Pero esto no los hace salvos.

"Gustaron la buena Palabra de Dios y los poderes del siglo venidero". Para explicar qué puede significar esta expresión, se hace necesario preguntar si para gustar la Palabra de Dios tengo que ser salvo. Y la respuesta a esa pregunta es un rotundo 'no', lo cual podemos ver claramente en la parábola del sembrador. Esta parábola señala que muchos que escuchan la Palabra la reciben con gozo. Pero que luego viene la aflicción y tropiezan y caen (Mat. 13:20-22). Notemos que este grupo recibió el conocimiento de la verdad como declara Hebreos 10:26 y hasta recibieron esa palabra con gozo, pero esas personas no tenían raíces profundas, de acuerdo la explicación de Jesús, y eso hizo que su experiencia fuera solo temporal.

La historia cuenta que David Hume, un filósofo escéptico del siglo XVIII, en una ocasión se alistaba para ir a escuchar a George Whitefield y que alguien le preguntó por qué asistía para escuchar estas prédicas si no creía en lo que este hombre decía. Y él respondió: "yo no, pero él sí". La Palabra dice que a Herodes le gustaba lo que Juan el Bautista predicaba (Mar. 6:20).

Por otro lado, en una ocasión el Señor Jesús envió un grupo de setenta de Sus discípulos para ministrar, y los envió en parejas de a dos. Al regresar, los discípulos vuelven llenos de gozo al ver que hasta los demonios se sometían a ellos. Jesús, al ver su reacción, responde: "Sin embargo, no os regocijéis en esto, de que los espíritus se os sometan, sino regocijaos de que vuestros nombres están escritos en los cielos" (Luc. 10:20). Menciono esto porque, presumiblemente, entre los setenta iba Judas quien posiblemente formó parte de una de esas parejas. Pero la enseñanza de Jesús en este caso no fue sobre la guerra espiritual, sino que el gozo debería estar motivado por ver sus nombres escritos en los cielos. Me pregunto si el Señor no diría esto a sabiendas de que entre ellos estaba Judas quien no era salvo, pero que a través de esta misión había experimentado "los poderes del siglo venidero".

Durante el juicio de Jesús, el Sumo Sacerdote profetizó "que Jesús iba a morir por la nación", según revela Juan 11:51. No era creyente, pero fue usado por Dios. ¿No era esto uno de los "poderes del siglo venidero" de los que habla Hebreos 6?

El pasaje de Hebreos 6 que estamos analizando continúa en el versículo 6

---

[13] Peter T. O' Brien, *The Letters to The Hebrews*, Pillar New Testament Commentary, ed. D. A. Carson (Grand Rapids, MI: Wm. B. Eerdman Publishing Co., 2010), 221.

con estas palabras: "Pero *después* cayeron, es imposible renovarlos otra vez para arrepentimiento, puesto que de nuevo crucifican para sí mismos al Hijo de Dios y le exponen a la ignominia pública".

La imposibilidad estriba en que ellos estuvieron en medio de la buena Palabra, como Judas; de alguna manera fueron partícipes del Espíritu Santo y gustaron de los poderes del siglo venidero. Si eso no los convenció, Dios rehúsa darles arrepentimiento porque ya todo había sido hecho. Todo había sido puesto delante de ellos.

Nos queda una pregunta más. ¿Es esta advertencia para creyentes o para personas que creen ser creyentes, pero no lo son? Veamos como continua el texto de Hebreos 6:

> *Porque la tierra que bebe la lluvia que con frecuencia cae sobre ella y produce vegetación útil a aquellos por los cuales es cultivada, recibe bendición de Dios; pero si produce espinos y abrojos no vale nada, está próxima a ser maldecida, y termina por ser quemada. Pero en cuanto a vosotros, amados, aunque hablemos de esta manera, estamos persuadidos de las cosas que son mejores y que pertenecen a la salvación (Heb. 6:7-9).*

El versículo 7 comienza hablándonos de una tierra que produce frutos, y el siguiente menciona otra que produce espinos y abrojos que no vale nada. La que produce frutos es bendecida por Dios, pero la que produce espinos no tiene valor. Evidentemente, esta enseñanza está aún relacionada a los versículos 4-6 donde menciona a un grupo de personas que ha experimentado una serie de bendiciones, pero que al final no les sirvió para nada. La pregunta ahora sería: ¿A cuáles personas estaba advirtiendo el autor de Hebreos: a creyentes o a incrédulos? Creo que el versículo 9 nos da la respuesta: "Pero en cuanto a vosotros, amados, aunque hablemos de esta manera, estamos persuadidos de las cosas que son mejores y que pertenecen a la salvación". Notemos la confianza del autor de Hebreos en los creyentes: los llama amados y les dice que, en cuanto a ellos, estaban persuadidos de cosas mejores relacionadas la salvación. En otras palabras, esta advertencia es real, pero en el último caso, los verdaderos creyentes no serán avergonzados de esa manera.

El siguiente pasaje de Mateo 3:8-10, que recoge enseñanzas de Juan el Bautista, quizás nos pueda ayudar a interpretar lo que el autor de Hebreos nos está tratando de comunicar:

> *Por tanto, dad frutos dignos de arrepentimiento; y no presumáis que podéis deciros a vosotros mismos: "Tenemos a Abraham por padre", porque os digo que Dios puede levantar hijos a Abraham de estas piedras. Y el hacha ya está puesta a la raíz de los árboles; por tanto, todo árbol que no da buen fruto es cortado y echado al fuego.*

En los tiempos de Juan el Bautista, había un grupo de judíos que pensaba que el mero hecho de ser descendientes de Abraham garantizaba su salvación. A ese grupo que se acercaba a oír a Juan el Bautista, el profeta le dice: Dad frutos de arrepentimiento. Quizás has pasado frente a un árbol, en alguna ocasión, sin conocer qué tipo de árbol era. Pero tres meses después pasas frente al mismo árbol y lo ves lleno de frutos, y al verlos, inmediatamente puedes reconocer qué tipo de árbol era. En ese caso, no fueron las hojas que te ayudaron a identificar el árbol, sino los frutos. El Señor, en su sermón más conocido –el Sermón del Monte– se dirigió a esta condición de aparente conversión. Quizás la única condición peor a no haber nacido de nuevo es precisamente el no ser cristiano y pensar que sí lo somos. Estas fueron las palabras de Cristo:

¿Acaso se recogen uvas de los espinos o higos de los abrojos? Así, todo árbol bueno da frutos buenos; pero el árbol malo da frutos malos. Un árbol bueno no puede producir frutos malos, ni un árbol malo producir frutos buenos. Todo árbol que no da buen fruto, es cortado y echado al fuego. Así que, por sus frutos los conoceréis (Mat. 7:16-20).

Judas fue cortado a pesar de haber sido uno de los discípulos del Señor. Vemos un caso parecido en alguien que hace una profesión de fe y se bautiza, pero al final pone en evidencia su falta de conversión. Ninguno de los casos como estos representan una pérdida de la salvación, pero sí una apostasía de la fe.

REFLEXIÓN FINAL

Pensar que nosotros podemos perseverar por nuestros propios esfuerzos es tener una idea más elevada de nosotros mismos de lo que realmente somos. No olvidemos que el apóstol Pablo decía que no entendía qué le ocurriría porque muchas veces no hacía el bien que deseaba y terminaba haciendo aquello que aborrecía (Rom. 7:15-20). Este es un buen ejemplo de nuestra necesidad de caminar de la mano de Dios hasta el fin.

Al final de este capítulo, algunos podrán estar preguntándose, ¿Cómo sé si nací de nuevo? Creo que la pregunta es válida en vista de aquellos pasajes en las Escrituras que nos advierten en contra de una falsa profesión de fe. Pablo, autor de la epístola a los Romanos declara:

Porque todos los que son guiados por el Espíritu de Dios, los tales son hijos de Dios. Pues no habéis recibido un espíritu de esclavitud para volver otra vez al temor, sino que habéis recibido un espíritu de adopción como hijos, por el cual clamamos: ¡Abba, Padre! El Espíritu mismo da testimonio a nuestro espíritu de que somos hijos de Dios (8:14-16).

De acuerdo este pasaje, el Espíritu de Dios se encarga de guiar a los hijos de Dios y de dar testimonio a nuestro espíritu de que ciertamente hemos sido adoptados. Cómo Dios hace eso, no es tan claro de ver, pero lo creemos porque así Él lo afirma.

Por otro lado, de manera muy práctica y no dogmática he podido comparar el nuevo nacimiento o nacimiento espiritual con el nacimiento natural y físico de un bebé:

a. Al poco tiempo de nacer, el niño llora porque quiere leche. El recién nacido "tiene hambre". De esa misma manera, el que nace de nuevo debe experimentar hambre por Su Palabra porque la tercera persona de la Trinidad ha venido a morar en él y es precisamente Dios quien pone en nosotros tanto el querer como el hacer. La ausencia de deseo por la Palabra apunta en contra de su conversión, aunque esto no es así en todos los casos.

b. El niño, a los tres meses de nacer, ha crecido y ha ganado peso y está más grande. El que nace de nuevo, crece.

c. Cuando ese niño tiene dos o tres años de edad, él quiere jugar con sus iguales; con aquellos que son como él, que hablan como él y juegan como él. Pero si años después de haber nacido de nuevo aún estoy con mis amigos del mundo y casi no tengo relaciones con los creyentes, entonces eso abre un interrogante acerca de mi conversión. Las cosas que a sus amigos del mundo le atraen, al nacido de nuevo ya no le atraen; las cosas que ellos quieren hacer, el nacido de nuevo ya no las quiere hacer.

d. Como el que ha venido a morar en el creyente es Dios en la persona del Espíritu Santo, paulatinamente el que ha nacido de nuevo quiere hacer lo que Dios hace. Los hijos de carpinteros andan con un martillo en la mano, los hijos de médicos andan con un estetoscopio en la mano. Los hijos de Dios quieren estar con un grupo de creyentes para crecer, quieren enseñar, quieren cantar, quieren ir a las cárceles, a los hospitales… quieren hacer algo de lo que Dios hace.

La nueva naturaleza produce frutos de arrepentimiento y quienes tengan esos frutos jamás perderán su salvación.

Este libro fue concebido y luego escrito con la única intención de redactar y publicar el capítulo que sigue. Si alguien me hubiese impedido escribir el capítulo siguiente, creo que no habría escrito todo lo anterior. Si ya sea que comamos o bebamos, debemos hacerlo para la gloria de Dios, entonces escribir o predicar debe tener esa sola intención, y es precisamente el próximo capítulo el que ha sido dedicado a examinar de qué manera Dios concibió nuestra salvación para dar la gloria a Él.

10

SOLI DEO GLORIA: solo a Dios la gloria

"Porque de El, por El y para
El son todas las cosas. A El *sea* la gloria
para siempre. Amén."

Romanos 11:36

INTRODUCCIÓN

La frase "solo a Dios la gloria" se escucha comúnmente entre los hijos de Dios. Es una frase fácil de recodar, difícil de entender y prácticamente imposible de vivir de manera consistente dada nuestra naturaleza pecadora. Es una frase fácil de recordar porque es corta y sencilla de pronunciar. Pero al mismo tiempo es una frase difícil de entender porque muchas veces no comprendemos lo que significa o implica la gloria de Dios; y, si no comprendemos lo que Su gloria es, mucho menos entenderemos lo que implica darle a Él la gloria. Finalmente, es una frase imposible de vivir todo el tiempo porque la criatura es egocéntrica por naturaleza.

Esta frase "solo a Dios la gloria" tiene dos connotaciones distintas en cuanto al hombre y la salvación. Veamos cada una por separado:

En cuanto a la redención del hombre, esta frase indica que, en la salvación, solo Dios recibe la gloria porque solo Él es el autor de esta. Nosotros no cooperamos (*sinergismo*) para obtener nuestra salvación, sino que ella es resultado de la obra de un Dios soberano exclusivamente (*monergismo*).[1] La salvación es del Señor dice Jonás 2:9. Y lo es de principio a fin: Dios llama, Dios regenera, Dios santifica, Dios preserva y Dios glorifica como lo describe Romanos 8:28-30:

> *Y sabemos que para los que aman a Dios, todas las cosas coo-
> peran para bien*, esto es, *para los que son llamados conforme a* su

---

[1] Robert Duncan Culver, *Systematic Theology: Biblical and Historical* (Fearn, Scotland: Christian Focus Publications, 2005), 645.

*propósito. Porque a los que de antemano conoció, también los pre-
destinó a ser hechos conforme a la imagen de su Hijo, para que El sea
el primogénito entre muchos hermanos; y a los que predestinó, a ésos
también llamó; y a los que llamó, a ésos también justificó; y a los que
justificó, a ésos también glorificó.*

La frase *soli Deo gloria* es la última de las ya conocidas "cinco solas" de
la Reforma:

1. *Sola Escritura.*
2. *Sola fide* o por fe solamente.
3. *Sola gratia* o por gracia solamente.
4. *Solus Christus* o en Cristo solamente.
5. *Soli Deo gloria* o solo a Dios la gloria.

Si analizamos detenidamente "solo a Dios la gloria", veremos que encierra
las otras "Cuatro solas" anteriores. Así lo expresa Michael Horton:

> *Predicar las Escrituras es predicar a Cristo; predicar a Cristo, es
> predicar la cruz; predicar la cruz es predicar la gracia; predicar la
> gracia es predicar la justificación [por fe solamente] y predicar la
> justificación es atribuir toda la salvación a la gloria de Dios y res-
> ponder a esas buenas nuevas en obediencia agradecida a través de
> nuestra vocación en el mundo.*[2]

Notemos cómo Horton concluye diciendo que entender esto que acabamos de leer debe llevarnos a dos reacciones:

✓ "atribuir toda la salvación a la gloria de Dios"
✓ "responder ... en obediencia agradecida a través de nuestra vocación
en el mundo"

Esto último involucra a aquellos creyentes que no son pastores, pero que
tienen una vocación en el mundo, una profesión secular. Esa vocación debe
ser ejercida para la gloria de Dios solamente.

La segunda connotación de la frase "solo a Dios la gloria" tiene que ver con que nosotros fuimos creados para la gloria de Dios solamente. Creyentes y no creyentes y el resto del universo fueron creados con la intención expresa de glorificar a nuestro Dios. El texto de
Isaías 43:7 afirma ese principio: "a todo el que es llamado por mi nombre
y a quien he creado para mi gloria, a quien he formado y a quien he hecho".

---

[2] Michael Horton, "The *Sola*'s of the Reformation", en *Here We Stand! A Call from Confessing
Evangelicals*, eds. James Montgomery Boice y Benjamin E. Sasse (Grand Rapids, MI: Baker
Books, 1996), 127.

Expresado de otra manera, la razón de tu existencia, la razón de tu trabajo, la razón de tu matrimonio, la razón de nuestra diversión debería ser primeramente para la gloria de Dios. El apóstol Pablo nos recuerda esta verdad de una forma aún más clara: "Entonces, ya sea que comáis, que bebáis, o que hagáis cualquier otra cosa, hacedlo todo para la gloria de Dios" (1 Cor. 10:31). Las cosas más cotidianas, como el comer y el beber, deberían ser hechos para la gloria de Dios solamente.

Fuimos creados para constituirnos en "espejos humanos" que reflejen la gloria de Dios por toda la tierra y eventualmente por todo el universo. Hoy en día no se oye hablar mucho en los púlpitos acerca de la gloria de Dios. Y la razón es clara. David Wells, en su libro *God in the Wasteland*, señala que la gloria de Dios ha partido de la mente y del corazón de muchos creyentes. Wells habla de *"weigthlessness of God"* que traducido sería la falta de peso en el Dios de nuestros días.[3]

La salvación es de, por y para Dios solamente

En el pasaje de Romanos 11:36 que citamos más arriba aparecen tres preposiciones que nos ayudan a entender por qué la gloria es de Dios solamente: "de", "por" y "para".

Todo es de Él. Él es el propietario de todas las cosas. David reconoció esa gran verdad: "Del Señor es la tierra y todo lo que hay en ella; el mundo y los que en él habitan" (Sal. 24:1).

Todo es por Él. Todo ha sido hecho por Él y todo es sustentado por Él (Juan 1:3; Heb. 1:3 y Col. 1:17).

Todo es para Él. "Todo ha sido creado por medio de El y para El" (Col. 1:16).

La gloria de Dios: definición

Definir adecuadamente la gloria de Dios es casi imposible porque nadie la ha visto jamás. Moisés rogó a Dios que le mostrara Su gloria (Ex. 33:18) y Dios respondió: "...No puedes ver mi rostro; porque nadie puede verme, y vivir" (v. 20). No podemos definir Su gloria, pero sí podemos hablar de aquellas cosas que Su Palabra revela acerca de esa gloria. En el Antiguo Testamento, las palabras "gloria", "honor" y los verbos relacionados traducen varios términos hebreos, primordialmente, un grupo que proviene de la raíz semítica *kabod* (que significa peso o pesado).[4] A veces nosotros escuchamos algo profundo y decimos 'eso es pesado'. Si aplicamos esa idea a Dios sabemos que Su gloria no puede ser algo ligero, liviano, trivial. Dios ha sido llamado de muchas maneras, pero nunca trivial. De la manera en que se usa esta palabra

---

[3] David F. Wells, *God in the Wasteland: The Reality of Truth in a World of Fading Dreams* (Grand Rapids, MI: Wm. B. Eerdmans Publishing Co., 1994), 88-117.

[4] R. B. Gaffin, Jr, s.v. "Glory", *New Dictionary of Biblical Theology*, eds. T. Desmond Alexander, Brian S. Rosner, D. A. Carson y Graeme Goldsworthy (Downers Grove, IL: InterVarsity Press, 2000), 507-11.

en algunos pasajes, el término gloria parece significar **honor, excelencia, reputación**; algo no ordinario.

En el griego, gloria es la palabra *doxa*, término que tiene una larga historia. Originalmente esta palabra significó **opinión, reputación, elogio**.[5] Ya para el tiempo del Nuevo Testamento implicaba dar una opinión apropiada de alguien. En ese sentido, cuando glorificamos a Dios en nuestras vidas, nos estamos comportando de una manera que otros terminan hablando bien de Dios por lo que ven en nosotros. Nuestra función en la vida es poner de manifiesto las virtudes de aquel que nos llamó de las tinieblas a Su luz admirable (1 Ped. 2:9). Y así, provocar que otros hablen bien de Dios. Nuestra existencia no tiene ningún otro motivo. Dios crea al hombre como otra forma más de expresar Su gloria.

En la Septuaginta, la palabra *doxa* pasó a significar brillantez o esplendor y, en gran medida, la gloria de Dios es esa luz o brillantez que Dios irradia alrededor de Su ser.[6]

En esencia, la gloria de Dios puede resumirse como el conjunto de cualidades o atributos que Dios tiene en Su ser interior; y externamente podemos decir que Su gloria es el despliegue de esos atributos en Su creación. Para Juan Calvino, la creación era el teatro de la gloria de Dios.[7]

Los cielos o el firmamento cuentan la gloria de Dios (Sal. 19:1) sin pronunciar palabras. ¿Y cómo lo hacen? La creación refleja Su sabiduría, Su poder, Su majestad, Su trascendencia y Su belleza. Pero el universo no podía poner de manifiesto Su bondad y benevolencia. La cruz hace eso. La cruz habla de Su gracia, de Su amor, de Su misericordia, de Su justicia y de Su santidad.

La gloria de Dios es todo lo que Su ser refleja desde Su interior hacia fuera y Su gloria es también todo lo que Su creación refleja de regreso a Él. La creación es como un espejo que refleja la gloria del Dios que la creó. Cuando te ves en un espejo, este recibe la imagen tuya y, cuando tu imagen es reflejada en el espejo, la imagen se devuelve hacia ti. De igual manera, la gloria de Dios es proyectada sobre la creación y la creación actúa como un espejo, al devolver esa misma gloria hacia Dios. *Como todo lo bueno que ocurre en el mundo es el resultado del obrar de Dios, lo que incluye (especialmente) la bondad que resulta de la elección y del accionar humano, que sea Dios quien reciba toda la gloria por el bien que es hecho*.[8]

LA SALVACIÓN PARA LA GLORIA DE DIOS SOLAMENTE

La cruz puso de manifiesto un aspecto de la gloria de Dios que el universo, como dijimos, no había podido mostrar. De una manera extraordinaria, la

---

[5] Ibíd.

[6] Wayne Grudem, *Systematic Theology: An Introduction to Biblical Doctrine* (Grand Rapids, MI: Zondervan, 1994), 220.

[7] John Calvin, *Calvin: Institutes of the Christian Religion*, ed. John T. McNeill, traducido e indexado por Ford Lewis Battles (Philadelphia, PA: The Westminster Press, 1967), 72.

[8] Bruce A. Ware, *God's Greater Glory: The Exalted God of Scripture and the Christian Faith* (Wheaton, IL: Crossway Books, 2004), 103.

cruz muestra al Dios santo e inocente tomando el lugar del pecador y sufriendo el castigo que debió haber caído sobre nosotros. Y lo hizo por una sola razón: por las riquezas de Su gracia. Es nuestro deber reflejar de regreso a Él la gloria de Su gracia que llega a nosotros en la salvación. El apóstol Pablo nos deja ver esa gran verdad en Efesios 1:3-14 que aparece más abajo. De manera intencional he resaltado las tres frases en esta porción de las Escrituras, donde Pablo nos muestra que fuimos salvos para la alabanza de Su gloria o de la gloria de Su gracia:

> *Bendito* sea *el Dios y Padre de nuestro Señor Jesucristo, que nos ha bendecido con toda bendición espiritual en los* lugares *celestiales en Cristo, según nos escogió en El antes de la fundación del mundo, para que fuéramos santos y sin mancha delante de El. En amor nos predestinó para adopción como hijos para sí mediante Jesucristo, conforme al beneplácito de su voluntad,* **para alabanza de la gloria de su gracia** *que gratuitamente ha impartido sobre nosotros en el Amado. En El tenemos redención mediante su sangre, el perdón de nuestros pecados según las riquezas de su gracia que ha hecho abundar para con nosotros. En toda sabiduría y discernimiento nos dio a conocer el misterio de su voluntad, según el beneplácito que se propuso en El, con miras a una* buena *administración en el cumplimiento de los tiempos,* es decir, *de reunir todas las cosas en Cristo,* tanto *las que* están *en los cielos,* como *las que están en la tierra. En El también hemos obtenido herencia, habiendo sido predestinados según el propósito de aquel que obra todas las cosas conforme al consejo de su voluntad, a fin de que nosotros, que fuimos los primeros en esperar en Cristo, seamos* **para alabanza de su gloria**. *En El también vosotros, después de escuchar el mensaje de la verdad, el evangelio de vuestra salvación, y habiendo creído, fuisteis sellados en El con el Espíritu Santo de la promesa, que nos es dado como garantía de nuestra herencia, con miras a la redención de la posesión* adquirida de Dios, **para alabanza de su gloria**.

Creo que por mucho tiempo hemos predicado una salvación centrada en el hombre[9] y hemos hecho a ese hombre el centro del plan de redención de Dios cuando la Palabra de Dios describe una historia redentora, Dios-céntrica de principio a fin. Todo es de Él, por Él y para Él. Por tanto, solo a Él sea la gloria.

Cuando Dios nos vio camino a la perdición sin esperanza de salvación porque no estábamos interesados en Él, ni lo buscábamos (Rom. 3:11), Dios intervino en la historia de una manera que ninguno de nosotros hubiésemos hecho:

---

[9] Michael Scott Horton, *Made in America: The Shaping of Modern American Evangelicalism* (Grand Rapids, MI: Baker Books, 1991), 73-89.

✓ Dios nos dio a Su Hijo hecho hombre cuando éramos Sus enemigos (Rom. 5:10; Ef. 2:3) para que llegásemos a ser Sus hijos.

✓ Dios le quitó la vida a Su Hijo para darnos vida a nosotros que estábamos muertos en delitos y pecados (Rom. 3:20-26; Ef. 2:1).

✓ Dios depositó Su ira sobre Su propio Hijo para darnos Su gracia (2 Cor. 5:21). A Su Hijo aplicó Su justicia para poder aplicarnos a nosotros Su misericordia.

La salvación es para la gloria de Dios solamente porque ella es el fruto de la Trinidad completa a favor de los seres humanos, y pone de manifiesto de manera extraordinaria atributos de Dios que el resto de la creación no podría mostrar. La Biblia enseña, y los reformadores entendieron, que la salvación es un trabajo ejecutado en acuerdo por cada uno de los miembros de la Trinidad, el Padre, el Hijo y el Espíritu Santo, los cuales cumplen distintas funciones:

✓ **El Padre elige.**
✓ **El Hijo redime.**
✓ **El Espíritu regenera y santifica.**

La humanidad recibe los beneficios de los tres. Dios es el dador y el ser humano es el receptor. El Padre elige en la eternidad pasada (Ef. 1:3-14); el Hijo nos redime en la cruz eliminando la pena del pecado (Rom. 3:20-26) y el Espíritu va debilitando el poder del pecado en nosotros (2 Cor. 3:18).

La gloria de Dios Padre

La gloria del amor de Dios es vista desde el mismo momento de Su elección para con nosotros. Por eso dice Dios a Israel en Deuteronomio 7:6-8:

> *Porque tú eres pueblo santo para el Señor tu Dios; el Señor tu Dios te ha escogido para ser pueblo suyo de entre todos los pueblos que están sobre la faz de la tierra. El Señor **no puso su amor en vosotros ni os escogió por ser vosotros más numerosos que otro pueblo, pues erais el más pequeño de todos los pueblos; mas porque el Señor os amó** y guardó el juramento que hizo a vuestros padres, el Señor os sacó con mano fuerte y os redimió de casa de servidumbre, de la mano de Faraón, rey de Egipto. (Énfasis agregado).*

Dios Padre no eligió a Israel como nación para Él por alguna condición inherente en ellos (v. 7), sino simplemente porque Él decidió amarlos y ese amor brotó de Su carácter amoroso y santo. No hubo ninguna otra razón para que esa elección se diera. Y a través del profeta Jeremías el Señor refuerza esta idea y revela algo más: "Con amor eterno te he amado, por eso te he atraído con misericordia" (Jer. 31:3b). El amor eterno de Dios hacia los suyos ha hecho que el pecador sea atraído hacia Él cuando Dios extiende Su misericordia hacia ese ser humano caído. El hombre no busca a Dios como establece la Palabra, en cambio es atraído hacia Dios por Su misericordia como revela Jeremías 31:3 (ver Juan 6:44), por lo que al final de todo, a la hora de dar gloria al autor de la salvación, solo Él, Dios, debe ser glorificado.

La gloria de Dios Hijo

Dios Hijo abandonó Su gloria, tomó forma de siervo, se hizo hombre (Fil. 2:5-8); cumplió la ley de Dios a cabalidad, lo cual el ser humano no podía hacer; fue a la cruz en nuestro lugar (Isa. 53:6,9); por medio de Su muerte tenemos redención de nuestros pecados (Ef. 1:7); murió sin pecado (2 Cor. 5:21) y resucitó al tercer día conquistando la muerte (2 Tim. 1:10; Heb. 2:14) y el pecado (1 Cor. 15:55-57). Al recibirlo como Señor y Salvador, Él nos otorga Su santidad. Al vivir la vida que Él compró para nosotros (Juan 10:10), es justo y necesario que la gloria sea dada solo a Él.

La gloria de Dios Espíritu Santo

Todos nosotros, los que ya hemos creído, estábamos en un estado de mortandad, en delitos y pecados (Ef. 2:1) y sin poder hacer nada por nosotros mismos. Y en esa condición, Dios nos encuentra y nos regenera por medio de Su Espíritu y justamente estando en esa condición "**nos dio vida** juntamente con Cristo (por gracia habéis sido salvados)" (Ef. 2:5). El Espíritu nos dio vida (Juan 3:1-10; Juan 6:63; Job 33:4). Por tanto, a la luz de Su obra en nosotros, el Espíritu es digno de recibir gloria.

Como podemos ver, ciertamente la salvación es del Señor (Sal. 3:8), pero viene a través de la acción de la santa Trinidad.

Es difícil hablar de dar toda la gloria a Dios en nuestra salvación y en nuestras vidas a una generación que ha trivializado a Dios. Hemos querido acercar tanto a Dios hacia el ser humano que lo hemos humanizado. Cuando la historia de la iglesia se escriba acerca de este tiempo, a mí no me cabe la menor duda de que duda que se dirá que el pecado de la iglesia a final del siglo XX y principios del XXI fue la trivialización del Dios que adoramos.[10] De ahí deriva todo lo demás. Un Dios trivial no despierta en Sus adoradores una adoración gloriosa. Pablo habla acerca de Dios a Timoteo y le dice que Dios es el único que tiene inmortalidad y que habita en luz inaccesible (1 Tim. 6:16); y el autor de Hebreos lo describe como un fuego consumidor (Heb. 12:29). Así es Su gloria y nuestra salvación revela mucho de quién es Él.

La trivialización de Dios ha producido una teología centrada en el hombre. Decía Joseph Haroutunian (1904-1968), teólogo e historiador de la iglesia que he citado otras veces:

---

[10] Para más información, véase Donald W. McCullough, *The Trivialization of God: The Dangerous Illusion of a Manageable Deity* (Colorado Springs, CO: Navpress Publishing Group, 1995).

Antes la religión estaba centrada en Dios; antes lo que no condu-
cía a la gloria de Dios era infinitamente pecaminoso; ahora lo que no
conduce a la felicidad del hombre es pecaminoso, injusto e imposible
de atribuírselo a Dios. Ahora la gloria de Dios consiste en el bien del
hombre. Antes el hombre vivía para glorificar a Dios; hoy Dios vive
para glorificar al hombre.[11]

LA "DIOS-CENTRICIDAD" DE DIOS

Dios creó el universo sin la participación del hombre ni de ninguna otra criatura como bien establece Romanos 11:34-35: "Pues, ¿QUIÉN HA CONOCIDO LA MENTE DEL SEÑOR?, ¿O QUIÉN LLEGO A SER SU CONSEJERO?, ¿O QUIÉN LE HA DADO A EL PRIMERO PARA QUE SE LE TENGA QUE RECOMPENSAR?". Luego colocó al hombre en el huerto como regente de la creación bajo Su señorío (Gén. 2) sin que el hombre jamás hubiese soñado con una posición tan alta. El hombre se exaltó y comió de la fruta prohibida junto con su esposa por desear ser como Dios y cayó de su posición privilegiada adquiriendo entonces una naturaleza pecadora. Después de que Adán corrompió con un solo acto de desobediencia aquello que a Dios le había tomado seis días crear, Dios en Su benevolencia anunció la futura venida de un redentor (Gén. 3:15), sin que el hombre pidiera tal "ayuda". Dios eligió a Abraham cuando este adoraba dioses ajenos al otro lado del Jordán (Jos. 24:2-3); de él hace una nación y la toma por posesión. En la descendencia de Abraham (Cristo), Dios promete bendecir a todas las naciones de la tierra (Gén. 22:18; 26:4; 28:14; Hech. 3:25). Llegado el tiempo envió a Su Hijo, Aquel prometido en Génesis 3:15 y Aquel que era la simiente de Abraham para que en Él encontrásemos la salvación que no buscábamos (Rom. 11).

El universo es porque Dios es. Dios es el único ser necesario en toda la creación. Él sostiene el universo con el poder de Su Palabra (Heb. 1:3). Él es el creador de la historia del hombre. Él comenzó la historia y Él terminará la historia. La historia apunta hacia Él y gira en torno a Él. La historia redentora glorificará Su nombre y aun la historia de la nación más secular terminará glorificando Su nombre. Los redimidos glorificarán Su misericordia y los condenados glorificarán Su justicia. ¡Pero todos glorificarán al Dios que adoramos! Toda rodilla se doblará y toda lengua confesará que Jesucristo es Señor (Fil. 2:10-11). De Él es toda la gloria porque como bien decía A. W. Pink, Dios está:

> *Sujeto a ninguno, sin influencias de nadie, absolutamente indepen-*
> *diente; Dios hace lo que quiere, sólo lo que le plazca, siempre que le*
> *plazca. Nada lo puede frustrar, nadie puede obstaculizarlo. Así que*
> *Su propia Palabra declara expresamente: "Mi consejo permanecerá,*

---

[11] Citado en Erwin W. Lutzer, *10 Lies about God: And the Truths That Shatter Deception* (Grand Rapids, MI: Kregel Publications, 2009), 8.

y haré todo lo que quiero" (Isa. 46:10); "Él hace según su voluntad en el ejército del cielo, y los habitantes de la tierra, y no hay quien detenga su mano" (Dan. 4:34). La soberanía divina significa que Dios es Dios, de hecho, y de nombre; que Él está en el Trono del universo, dirigiendo todas las cosas, obrando en todas las cosas "conforme al consejo de su voluntad" (Ef. 1:11).[12]

Nosotros no poseemos ningún grado de gloria semejante a la divina. Y eso hace extremadamente difícil, sino imposible, entender bien lo que es esa gloria de Dios. En 1 Corintios 15:41, Pablo nos dice que hay diferentes grados de gloria "Hay una gloria del sol, y otra gloria de la luna…". Pero esa gloria de la creación no se asemeja a la gloria de Dios, que solo Él tiene. Es bueno que entendamos que cuando hablamos de la gloria de Dios no estamos hablando de lo mismo que cuando hablamos de la gloria del ser humano. El puritano Tomás Watson del siglo XVII nos ayudó a entender ese concepto. Él hablaba de que, cuando Moisés recibió instrucciones de parte de Dios, entre otras cosas, escuchó estas palabras: "Y harás vestiduras sagradas para tu hermano Aarón, para gloria y para hermosura" (Ex. 28:2). Cuando Aarón usaba estas vestiduras, estaba vestido de gloria; pero al quitárselas, seguía siendo Aarón y seguía siendo sumo sacerdote. Con Dios no ocurre igual; si hubiera un momento en que Dios pudiera deshacerse de Su gloria, Él dejaría de ser Dios porque la gloria es Su esencia. Gloria es lo que Él es. Él no puede dejar Su gloria a un lado por un solo momento. Si alguien lograra ver a Dios, estaría viendo Su gloria. Como bien dice Tomás Watson: "Dios puede darnos lluvia, sol, alimento, salud y puede darnos todas las cosas, incluso nos dio a Su Hijo, pero hay algo que Él no puede darnos y eso es Su gloria". Mira cómo Dios lo dice en Isaías 48:11b: "mi gloria, pues, no la daré a otro". La gloria de Dios es lo que Él es, Sus atributos: **Su poder, Su gracia, Su amor, Su misericordia, Su omnisciencia, Su omnipotencia, Su sabiduría, Su eternidad** y todo lo demás que Él es. Por eso no entendemos bien cuando hablamos de la gloria de Dios y de darle a Él toda la gloria, lo cual implica atribuir a Dios todo el crédito y reflejar en palabras y con nuestro estilo de vida las virtudes de aquel que nos llamó de las tinieblas del mundo de pecado a Su luz admirable.

Nosotros podemos entender lo que es la inteligencia porque algún grado de inteligencia tenemos. Lo mismo podemos decir acerca de los deseos de la carne, de los cuales tenemos muchos. Pero grados de gloria divina no tenemos a menos que sea aquella que reflejamos de Dios y en ese caso no es nuestra.

LA GLORIA DE DIOS Y EL EGOCENTRISMO DEL SER HUMANO

Nuestra teología confesional frecuentemente está centrada en Dios, pero nuestra teología funcional está centrada en el ser humano. En otras palabras, hacemos las cosas y decimos "gloria a Dios", pero en nuestro interior, las

---

[12]Arthur W. Pink, *The Attributes of God* (Swengel, PA: Reiner Publications, 1968), 27.

hacemos con la intención de que alguien las reconozca y, si ese reconocimiento no ocurre, nos sentimos mal porque en definitiva, lo que hicimos, lo hicimos confesionalmente para la gloria de Dios, pero funcionalmente para nuestra propia gloria.

Hay razones por las que a muchos no les sienta bien la idea de que todo sea hecho para la gloria de Dios. De hecho, en más de una ocasión, creyentes me han preguntado si no es egoísta de parte de Dios que todo tenga que ser hecho para la gloria de Dios. Y la razón es muy sencilla. Nosotros pensamos que Dios es tal como nosotros (Sal. 50:21). Por un lado, nosotros hacemos algo, y lo hacemos exclusivamente pensando en nosotros. En el caso de Dios, cada vez que Él se glorifica, el ser humano es beneficiado. Dios se glorificó en la creación y nosotros recibimos el beneficio de ser creados. Dios se glorificó en la salvación de los perdidos y nosotros fuimos redimidos. Dios se glorifica en el matrimonio y el hombre recibe una ayuda idónea. Dios se glorifica en la procreación y los ganados del hombre crecen y esa misma persona recibe hijos que le traen gozo. Dios se glorifica en la sexualidad bíblica y el ser humano disfruta del placer santo. Dios está por Él y por el hombre a la vez, en ese orden.[13]

Cuando alguien hace algo y, después de hacerlo, insiste en llevarse todo el crédito, esa actitud nos molesta y pensamos que la persona está siendo muy orgullosa y su orgullo nos irrita. Pero, ¿por qué nos molesta, o irrita cuando alguien actúa de esa forma? Nos molesta, primero, porque entendemos que esa persona está tratando de llamar la atención sobre sí misma. Eso no ocurre con Dios porque Dios nunca está tratando de ser el centro de atención… **Él es el centro de atención.** Dios no tiene que luchar para ser el centro de atención como nosotros porque Él es el centro y la periferia de toda la atención del universo. Cuando el sol sale cada mañana, dice sin palabras: "gloria a Dios". Cuando una ballena enorme salta fuera del agua, y la vemos en toda su hermosura, está diciendo "gloria a Dios". Y el universo entero hace lo mismo. Dios es el centro de atención.

Cuando alguien quiere ser aplaudido nos molesta porque en nuestro egocentrismo entendemos que esa persona quiere que la alaben y la aplaudan y a nosotros no nos gusta reconocer a otros, y mucho menos si nosotros no vamos a ser reconocidos también. Dios no tiene ese problema. Cuando Dios exige que las cosas se hagan para Su gloria, Él no está buscando que lo aplaudan y lo alaben porque, de hecho, aun después de aplaudir a Dios, nos quedamos cortos con el tributo que Él merece. Después de adorar a nuestro Dios, Él no es más completo o más feliz que antes de recibir la adoración. Dios está satisfecho consigo mismo desde la eternidad. La adoración es algo que debemos dar a Dios porque Él es el origen y la fuente de todo bien en el universo. No ha habido ni habrá ningún bien hecho en esta vida o en la venidera del cual Dios no sea responsable de una u otra manera.

---

[13] Véase también John Piper, *Is God for Us or for Himself?*, accesado el 3 de marzo de 2016, http://www.desiringgod.org/sermons/is-god-for-us-or-for-himself.

Cuando alguien quiere que se lo tome en cuenta nos molesta porque entendemos que muchas veces esa persona es tan insegura que necesita continuamente de la aprobación de los demás. Esa nunca ha sido la experiencia de Dios. Dios no pide que a Él sea la gloria porque se siente inseguro. No ha habido un solo momento de inseguridad en la vida de Dios. Él es la fuente de toda certeza.

Cuando alguien hace algo y quiere todo el crédito nos molesta porque sabemos que a él no le pertenece todo el crédito. Sus padres, sus profesores, sus amigos o aun su esposa frecuentemente merecen parte del crédito por haberlo apoyado a lo largo del camino. Pero ese no es el caso de Dios porque cuando tú y yo hacemos algo, todo el crédito es de Dios: Él puso tanto el querer como el hacer (Fil. 2:13); además nos dio los dones, los talentos, las oportunidades, la inteligencia, la fortaleza y los recursos para hacerlo. Por eso el apóstol Pablo pregunta en 1 Corintios 4:7: "¿Qué tienes que no recibiste? Y si lo recibiste, ¿por qué te jactas como si no lo hubieras recibido?".

Por otro lado, no damos el crédito a otra persona porque al final eso nos hace sentir que ellos merecen algo que nosotros no merecemos o nos hace sentir consciente o inconscientemente inferiores o sentimos que nosotros podemos hacer un papel similar. En el caso de Dios, sí somos inferiores a Él y no hay manera de que podamos hacer un papel como el de Él.

REFLEXIÓN FINAL

La creación es del Señor, como también lo es la redención. Dios nos creó cuando no tenía necesidad de nosotros y Dios nos salvó cuando podía habernos condenado ejerciendo Su justicia. En Él vivimos, nos movemos y existimos (Hech. 17:8). Él nos predestinó, nos llamó, nos justificó y nos glorificó. En el camino fuimos receptores de la vida física que Él nos dio y de la vida espiritual que Él compró para nosotros. Después de ser salvos, continúa poniendo en nosotros tanto el querer como el hacer y nos preserva en el camino de la verdad. Dios Padre hizo la elección en la eternidad pasada, Dios Hijo, ofreció el sacrificio y Dios Espíritu Santo nos santifica y nos preserva. Cristo vino, completó todo el trabajo de redención a favor de nosotros y luego ascendió a los cielos a preparar un lugar para nosotros, y desde allí intercede por nosotros.

Esto es lo que hace que el salmista (con menos revelación que aquellos que estamos del lado del Nuevo Testamento) exclame: "No a nosotros, SEÑOR, no a nosotros, sino a tu nombre da gloria" (Sal. 115:1a). Así es; no somos marionetas, pero toda habilidad que poseemos de una u otra manera ha venido de nuestro Dios.

Ciertamente "de El, por El y para El son todas las cosas. A El *sea* la gloria para siempre. Amén".

¡A Él sea la gloria, en todo y por siempre!

11

¿Qué es el evangelio?

"Ahora os hago saber, hermanos, el evangelio
que os prediqué, el cual también recibisteis,
en el cual también estáis firmes, por el cual
también sois salvos, si retenéis la palabra que
os prediqué, a no ser que hayáis creído en
vano. Porque yo os entregué en primer lugar
lo mismo que recibí: que Cristo murió por
nuestros pecados, conforme a las Escrituras;
que fue sepultado y que resucitó al tercer día,
conforme a las Escrituras".

1 Corintios 15:1-4

INTRODUCCIÓN

Las enseñanzas expuestas en los diez primeros capítulos contienen verdades centrales al mensaje del evangelio. Sin embargo es posible estudiar
y aceptar todas las verdades anteriores y aun así relegar el evangelio a un
segundo plano. Y sabemos que esto es posible porque la iglesia del siglo XX
y XXI ha sido culpable de tal pecado en muchos casos. Por eso se hace necesario dedicar este capítulo y el siguiente al estudio del mensaje del evangelio
propiamente dicho.

En los últimos años, varias obras han sido publicadas para tratar de definir
lo que es el evangelio y varias conferencias internacionales han sido orga-
nizadas con el mismo propósito. Es aún más interesante ver cómo algunas
de estas obras literarias y la mayoría de las conferencias a las que hacemos
alusión se preparan teniendo en mente principalmente el pastorado y el li-
derazgo de la iglesia contemporánea. Creo que vale la pena preguntar a qué
se debe que dos mil años después de la muerte de nuestro Señor Jesucristo
se haga necesario volver a definir el evangelio, sobre todo para aquellos que
han sido preparados para pastorear y liderar la iglesia de nuestros días. ¿Es
posible que veinte siglos de predicación acerca de la obra redentora de Cristo
no hayan sido suficientes para esclarecer y fortalecer el concepto de lo que

es el evangelio? ¿Cómo es que generaciones anteriores no tuvieron dificultad en entender cuál era el corazón del mensaje del evangelio, y esta generación con más estudios y más recursos a su disposición tenga tanta dificultad en entender la simpleza del evangelio que Cristo vino a proclamar y del cual Él es el mismo centro?

Creo que la respuesta es más o menos evidente ya que en la medida en que las generaciones se han tornando cada vez más antropocéntricas o centradas en el ser humano, en esa misma medida han ido perdiendo de vista que el evangelio no es acerca del hombre en primer lugar, sino acerca de la obra de Dios en la Persona de Jesús, y que de manera secundaria trae beneficio a la humanidad. Eso es lo que en gran manera necesitamos recobrar: la centralidad de la cruz y la resurrección de Cristo como el único mensaje de esperanza para la humanidad. Muchos que afirman esto, no necesariamente lo practican a la hora de predicar o al momento de levantar una iglesia. Muchas veces el hombre ha permitido que las ciencias sociales (psicología, sociología, mercadología, etc.) impacten en la iglesia de hoy y, así, confían más en sus estrategias que en el poder del evangelio. En el sur global al cual pertenece América Latina, muchas iglesias han dejado de predicar el evangelio y se han dedicado a la guerra espiritual de una manera no bíblica. "Uno de los más grandes crímenes cometidos por esta generación de cristianos es la negligencia del evangelio y de esa negligencia se derivan todos los demás males de la iglesia. El mundo perdido no está tan endurecido hacia el evangelio, sino que es ignorante del evangelio porque muchos que proclaman el evangelio son ignorantes de sus verdades más básicas."[1]

EL EVANGELIO: UNA DEFINICIÓN

El ser humano pecó contra Dios, y al pecar pasó a estar bajo condenación. Dios en Su misericordia decidió no condenar a toda la humanidad y envió a Su Hijo para cumplir a cabalidad toda la ley, y habiendo cumplido la ley, Jesús se ofreció a sí mismo en la cruz como sacrificio penal y sustitutivo por el pecado del hombre, y al tercer día resucitó de entre los muertos y ascendió posteriormente a los cielos desde donde reina con autoridad.

En el texto de 1 Cor. 15:1-4 que encabeza este capítulo, hay dos eventos centrales al evangelio:

1. La cruz de Cristo: "Cristo murió por nuestros pecados, conforme a las Escrituras"
2. La resurrección de Cristo: "[Cristo] resucitó al tercer día conforme a las Escrituras"

Esos dos grandes eventos actúan como dos portalibros que encierran todo el mensaje del evangelio, pero aún no explicaremos ni las razones de esa

---

[1] Paul Washer, *The Gospel's Power and Message* (Grand Rapids, MI: Reformation Heritage Books, 2012), VIII.

cruz, ni los beneficios de esa resurrección. Notemos por ahora cómo Pablo comienza diciendo en 1 Corintios 15:1 que él quiere hacerles saber a los hermanos de esta iglesia, cuál era el evangelio que les había predicado, y les asegura que por medio de ese mensaje ellos han alcanzado salvación. Luego pasa a informarles que él les estaba entregando el mismo mensaje que había recibido; y lo dice de esta manera: "Porque yo os entregué en primer lugar lo mismo que recibí" (v. 3). Con esto, Pablo certifica que el evangelio que él ha estado pasando a otros, en nada difiere del evangelio que él recibió. Y esto es de particular importancia si recordamos cómo Pablo recibió ese evangelio y de quién lo recibió.

En Gálatas 1:11-12, Pablo escribe lo siguiente: "Pues quiero que sepáis, hermanos, que el evangelio que fue anunciado por mí no es según el hombre. Pues ni lo recibí de hombre, ni me fue enseñado, sino *que lo recibí* por medio de una revelación de Jesucristo".

Esto es un buen recordatorio para todos nosotros porque de la misma manera que Pablo fue fiel en pasar a sus seguidores la verdad recibida por el Señor, de esa misma manera nosotros debemos ser fieles en pasar a las demás generaciones el mensaje que nos ha sido dejado. Es un mensaje al cual no podemos quitarle, ni agregarle. Mira lo específico que Pablo es en este pasaje al decir: "Porque yo os entregué en primer lugar lo mismo que recibí". Notemos el énfasis en la frase: "lo mismo que recibí". Ese es nuestro compromiso con el Señor y con la próxima generación:

- ¿Somos conscientes, al predicar, que estamos entregando el mismo mensaje que nos fue entregado a nosotros en Su Palabra?
- ¿Tenemos nosotros la conciencia limpia de que no hemos diluido el mensaje?
- ¿Estamos seguros de que no hemos maquillado el evangelio para hacerlo más placentero?
- ¿Pueden otros testificar que no hemos rebajado la oferta para que sea más conforme a la mente de ese hombre moderno, de ese hombre *light* que no se quiere sentir culpable y mucho menos acusado?

ENTENDAMOS EL EVANGELIO

El término 'evangelio' se encuentra o aparece unas 76 veces en el Nuevo Testamento escrito en griego. En el lenguaje original, la palabra es *euangelion*, que en su significado básico quería decir simplemente "buenas nuevas". El verbo es *euangelizo*, aparece unas 54 veces en el lenguaje original y significa "traer o anunciar buenas nuevas". De manera que el evangelio tiene que ver con buenas noticias. Pero para que las noticias puedan ser buenas, primero el pecador tiene que oír las malas noticias de su condenación.

Lo segundo sobre lo que quiero llamar la atención es que la misma palabra *euangelion* en el original y el verbo mismo derivan su origen de la palabra *angelos* que significa mensajero. En el griego clásico un *euangelos* era una persona que traía un mensaje de victoria o podía significar también alguna noticia política o personal que pudiera ser motivo de regocijo. Por tanto *euangelion* pasó a ser un término técnico para significar un mensaje de victoria o un mensaje político o privado que era motivo de gozo.[2]

Quiero mencionar esto de antemano porque aunque esa información no define el evangelio, sí nos deja ver algo del carácter del evangelio:

1. El evangelio tiene que ver con buenas noticias;
2. El mensaje del evangelio tiene que ver con una proclamación de victoria;
3. El evangelio es una buena noticia, que cuando es apropiadamente aceptada, recibida, entendida, causa gozo en la persona que así lo recibe.

En este corto pasaje de 1 Corintios 15, el apóstol Pablo establece los dos eventos centrales del evangelio: la muerte de Cristo, y la resurrección de Cristo, que Pablo señala en los versículos 3 y 4. En ambos casos el apóstol hace referencia a que las Escrituras validan ambos eventos. Las Escrituras en el Antiguo Testamento anunciaron no solo la muerte de Cristo (Isa. 53:8-10), sino también la resurrección de Cristo, al decir que Su cuerpo no vería corrupción (Sal. 16:10). Inmediatamente después, a partir del versículo 5 de 1 Corintios 15, Pablo pasa a describir cómo la resurrección de Cristo fue atestiguada también por aquellos testigos oculares de los eventos mencionados:

- En el versículo 5 menciona a Cefas;
- En el versículo 6 menciona más de 500 hermanos que fueron testigos oculares;
- En el versículo 7 menciona a Jacobo y al resto de los apóstoles;
- En el versículo 8 Pablo se menciona a sí mismo como el último testigo ocular.

Con todo esto, el apóstol Pablo nos ayuda a entender que el evangelio tiene que ver con un mensaje acerca de la Persona de Jesús y Su obra de redención, la cual está íntimamente relacionada a dos eventos históricos firmemente atestiguados y establecidos. Charles Spurgeon dijo lo siguiente hablando del corazón del evangelio:

> *El corazón del evangelio es la redención, y la esencia de la redención es el sacrificio expiatorio de Cristo. Los que predican esta verdad predican el evangelio independientemente de cualquier otra cosa en la que puedan confundirse; pero el que no predica la expiación,*

---

[2] Para más información sobre la palabra *evangelio*, véase s.v. "Gospel", en *The New International Dictionary of New Testament Theology, Vol. 2*, ed. Colin Brown (Grand Rapids, MI: Zondervan, 1971), 107–115.

*independientemente de cualquier otra cosa que declaren, han perdido
el alma y la esencia del mensaje divino.*[3]

A pesar de que 1 Corintios 15:1-4 señala los hechos fundamentales del
evangelio o los eventos centrales, no hay duda de que no podemos circuns-
cribir toda la definición de lo que el evangelio implica y resumir todas sus
aplicaciones en un solo pasaje, y es por esto que necesitamos ayudarnos con
pasajes complementarios para entender mejor la muerte de Cristo a favor de
los pecadores y el rol no solo de la cruz, sino de la resurrección de Cristo en
el mensaje del evangelio. Si no tenemos eso claro se hace muy fácil desviar-
se de la centralidad del evangelio como vemos que estaba ocurriendo en la
iglesia de Gálatas.

A veces tenemos una idea muy sublime de lo que eran las condiciones de
la iglesia primitiva, cuando en realidad ese no fue el caso. Tenemos evidencia de que:

- En Galacia, se estaba predicando otro evangelio (Gál. 1).
- En Corinto, algunos estaban comerciando con la Palabra de Dios
  (2 Cor. 2:17).
- En Éfeso, hubo falsos apóstoles (Apoc. 2:2).
- En Colosas, algunos enseñaban filosofías de hombres (Col. 2:8).
- En Filipos, algunos eran enemigos de la cruz (Fil. 3:8).
- En Tesalónica, algunos enseñaban que el día del Señor había llegado
  (2 Tes. 2:2).

De manera que la predicación del evangelio siempre ha tenido que bata-
llar en contra de las falsas enseñanzas e influencias, pero no hay otro evangelio. La única vez en la que el apóstol Pablo se refiere a otro evangelio, lo
hace de una manera condenatoria en el pasaje de Gálatas 1:6-11:

> *Me maravillo de que tan pronto hayáis abandonado al que os lla-
> mó por la gracia de Cristo, para* seguir *un evangelio diferente, que en
> realidad no es otro evangelio, sólo que hay algunos que os perturban
> y quieren pervertir el evangelio de Cristo. Pero si aun nosotros, o
> un ángel del cielo, os anunciara otro evangelio contrario al que os
> hemos anunciado, sea anatema. Como hemos dicho antes, también
> repito ahora: Si alguno os anuncia un evangelio contrario al que re-
> cibisteis, sea anatema. Porque ¿busco ahora el favor de los hombres
> o el de Dios? ¿O me esfuerzo por agradar a los hombres? Si yo toda-
> vía estuviera tratando de agradar a los hombres, no sería siervo de
> Cristo. Pues quiero que sepáis, hermanos, que el evangelio que fue
> anunciado por mí no es según el hombre.*

---

[3] Charles Spurgeon, "The Heart of the Gospel". Predicado la mañana del 18 de julio de 1886
en el Metropolitan Tabernacle, Newington, London. Accesado el 3 de marzo de 2016, http://www.
spurgeongems.org/vols31-33/chs1910.pdf.

Aquí el apóstol Pablo expresa su consternación y asombro al ver que en tan poco tiempo la iglesia de Galacia había abandonado el mensaje de salvación por gracia, para abrazar nuevamente el mensaje de la salvación por obras, lo cual siempre ha sido una imposibilidad. El apóstol Pablo considera esa tergiversación del evangelio un verdadero anatema. "[El anatema] es la idea del Antiguo Testamento de algo que ha sido separado o designado para destrucción porque es odiosa a Dios."[4]

De manera que aquellos que han logrado distorsionar el mensaje original, han pervertido el evangelio, y de esa forma podrían ser considerados perversos porque terminan pervirtiendo el mensaje de la gracia con sus enseñanzas que no traen gloria a Dios y que más bien traen vergüenza y reproche al hombre.

LAS IMPLICACIONES DE LA CRUZ DE CRISTO

Tomemos el primer evento, la muerte de Cristo, y preguntémonos: ¿de qué manera la muerte del Hijo de Dios o de la segunda Persona de la Trinidad, resulta buenas nuevas para mí? Hasta la venida de Cristo, la gran mayoría del pueblo hebreo había entendido que la forma de obtener salvación era vía el cumplimiento de las obras de la ley, y por cientos de años el creyente en Israel había vivido tratando infructuosamente de cumplir esa ley para sentir su alma apaciguada y su culpa removida sin poder lograrlo. Y eso era mala noticia para el hombre que aún después de cientos de años, después de miles de personas que trataban de complacer a Dios, todavía no habían podido lograrlo.

En Romanos 3, a partir del versículo 20 comienza a darnos una idea de cómo el mensaje de Cristo puede cambiar esa realidad para resultar ser una buena noticia:

> [P]orque por las obras de la ley ningún ser humano será justificado delante de El; pues por medio de la ley viene el conocimiento del pecado. Pero ahora, aparte de la ley, la justicia de Dios ha sido manifestada, atestiguada por la ley y los profetas; es decir, la justicia de Dios por medio de la fe en Jesucristo, para todos los que creen; porque no hay distinción (Rom. 3:20-22).

Hasta la venida de Cristo, el hombre tenía la ley de Dios, pero como bien revela este mismo texto, para lo único que la ley le servía al ser humano era para ponerlo en conocimiento de su propio pecado y poner de manifiesto el carácter santo de Dios que confrontaba la vida del hombre. La ley, más que salvarlo, acusaba al ser humano de estar en violación continua de Su estándar. Es por esto que el versículo 21 señala: "Ahora, aparte de la ley" y no antes. Ahora que Cristo ha venido, algo distinto ha ocurrido. La palabra traducida como justicia en ese versículo, implica, entre otras cosas, un esta-

---

[4] Philip Graham Ryken, *Galatians*, Reformed Expository Commentary, eds. Richard D. Phillips y Philip Graham Ryken (Phillipsburg, NJ: P&R Publishing, 2005), 23.

tus delante de Dios después de haber sido declarado justo sin serlo porque el juez me ha declarado sin culpa. Pero a la vez la palabra justicia tiene que ver con la rectitud moral y perfecta de Dios.

Ahora, esa rectitud moral y perfecta de Dios, que se requiere para ser salvo, podía estar a disposición del hombre a través de la Persona de Cristo. "'Pero ahora' Dios intervino. La condición humana ha sido radicalmente transformada debido a la obra salvífica de Dios en Cristo..."[5] Esa revelación no vino por medio de la ley, sino por medio de la Persona de Jesucristo y eso es lo que este mensaje del evangelio proclama: que esa rectitud moral perfecta necesaria para entrar al reino de los cielos, que no estaba disponible, o que no era alcanzable por medio de la ley, es ahora alcanzable, aparte de la ley. El texto lo dice de esta forma: "Pero ahora, aparte de la ley, la justicia de Dios ha sido manifestada..."

De manera que ahora el ser humano puede alcanzar la justicia de Dios y Su perfección moral y absoluta, no a través de su propio esfuerzo, ni de las obras de la ley, pero sí de una forma real, por medio de la fe puesta en Jesucristo. De modo que el evangelio nos brinda esperanza, pero una esperanza que no depende de nosotros ni de nuestro obrar, sino de la obra del mismo Dios en la Persona de Su Hijo, para beneficio nuestro.

Pero el texto nos señala algo más, nos dice que el mensaje del evangelio es necesario para todos los hombres porque de acuerdo al versículo 23 todos pecaron y no alcanzaron la gloria de Dios. No ha habido, ni habrá un solo hombre aparte de Jesús que haya podido vivir una vida sin pecado y que haya alcanzado la gloria de nuestro Dios, pero de la misma manera que el pecado ha afectado a toda la humanidad sin distinción, de esa misma manera la justicia de Dios, la perfección moral de Dios, Su carácter santo y perfecto es ahora alcanzable a través de la Persona de Jesucristo para todo ser humano que mora en cualquiera de los continentes de la tierra. Así lo señala Romanos 3:22 al decir que no hay distinción. No hay distinción porque todos hemos pecado a la manera de Adán; pero tampoco hay distinción cuando se trata de la justicia soberana de Dios porque hombres de toda tribu, lengua y nación podrán ser salvos por el mismo sacrificio.

Comprender que todos hemos pecado y todos estábamos bajo condenación es vital para poder entender la magnitud de lo que Dios ha hecho a favor de nosotros. Según Romanos 3:24: "siendo justificados gratuitamente por su gracia por medio de la redención que es en Cristo Jesús".

Allí hay dos palabras claves, una es *justificados* y la otra es *redención*. La palabra traducida como 'justificados' en el griego es *dikaio* que implica una acción judicial. La justificación es un "término forense que denota una acción judicial de administración de la ley; en este caso, al declarar un veredicto de absolución y así excluir toda posibilidad de condenación."[6] Es como si entráramos a un juzgado por haber sido acusados justamente, pero

[5] Leon Morris, *The Epistle to the Romans*, Pillar New Testament Commentary, ed. D. A. Carson (Grand Rapids, MI: Wm. B. Eerdmans Publishing Co., reimpreso 1992), 173.

[6] J. I. Packer, s.v. "Justification", *Evangelical Dictionary of Theology*, ed. Walter A. Elwell (Grand Rapids, MI: Baker Academics, 1990), 593.

que luego el juez decide declararnos "no culpables" y nos permite salir del tribunal libres de condenación. La razón por la que Dios nos declara inocentes es simplemente por Su gracia, sin costo a mi persona, de ahí que el texto diga "siendo justificados gratuitamente por Su gracia". Ahora, decir que mi justificación sea gratuita no indica que no ha costado nada; a alguien tiene que haberle costado. Hacemos mención de esto porque ciertamente mi justificación, aunque fue gratuita para mí, se logró a través de un alto precio que fue la vida y la sangre preciosa de nuestro Señor Jesucristo. Él pagó para que yo fuera liberado y, por tanto, Su pago hizo posible mi declaración de 'inocente' de manera gratuita.

Ese entendimiento de la justificación fue lo que causó la controversia en el siglo XVI durante la Reforma. Lutero y los demás reformadores insistían en que la absolución de nuestra acusación había sido alcanzada por la obra de Cristo en la cruz exclusivamente, sin ninguna participación de nuestras obras, mientras que la iglesia de Roma insistía (e insiste) que nuestras buenas obras contribuyen a que nosotros seamos declarados justos delante de Dios. Pero la realidad es que nuestras obras finitas y manchadas continuamente por el pecado, jamás pueden satisfacer la justicia divina de Dios. Las buenas nuevas del mensaje de Dios tienen que ver en gran medida con la forma en que nosotros hemos sido justificados ante Dios, que es gratuita, y que ha sido por la gracia de Dios dada a nosotros en la Persona de Jesús. Por eso Romanos 3:24 dice: "por medio de la redención que es en Cristo Jesús". Esa palabra redención es clave porque en su lenguaje original significa la liberación de alguien por medio de la paga de un precio. Nosotros hemos sido liberados de la esclavitud del pecado, no por medio de nuestros esfuerzos, sino por medio del pago que Cristo hizo en la cruz, por Su sangre derramada.

Ahora, en el griego, una de las palabras para definir nuestra redención es *agorazo* (ἀγοράζω) que implica "comprar (propiamente, en el mercado)."[7] Fuimos comprados por la sangre de Cristo (1 Cor. 6:20; 1 Cor. 7:23). Satanás nos había hecho prisioneros (2 Tim. 2:26) y ahora somos libres. "Pero en Gálatas 4:5 la redención es claramente la liberación de la esclavitud de la ley y del poder del pecado (comp. v 3; 3:10; 4:8). El resultado es ambas cosas, libertad de la tiranía represiva y adopción como hijos de Dios (4:5-7; 5:1)."[8] La otra palabra importante en el griego es *lutron* que literalmente se refiere al precio pagado por comprar o rescatar a un esclavo de su condición de esclavitud como Jesús hizo con nosotros al dar Su vida en rescate por el pecador (Mar. 10:45).[9] Finalmente, la palabra *katallaso*, traducida 'reconciliados' (con Dios) en Romanos 5:10, fue usada en el pasado para referirse a alguien que había estado airado, pero que ha decidido dejar a un lado la ira para recibir al otro con favor.[10] Todo eso es parte del mensaje del

---

[7] Joseph H. Thayer, *Thayer's Greek-Lexicon of the New Testament* (Peabody, MA: Hendrickson Publishers, Inc., 2014), 8.

[8] R. L. Hubbard, Jr., s.v. "Redemption", *New Dictionary of Biblical Theology*; eds. T. Desmond Alexander, Brian S. Rosner, D.A. Carson, Graeme Goldsworthy (Downers Grove, IL: InterVarsity Press, 2000), 719.

[9] Thayer, *Thayer's Greek-Lexicon of the New Testament*, 384.

[10] Ibíd., 333.

evangelio o de las Buenas Nuevas de Jesucristo. En la cruz, Cristo me compró por precio, a precio de sangre; al comprarme, me sacó del mercado de la esclavitud del pecado y me ha dejado en libertad para siempre.

Finalmente, Romanos 3:25-26 nos ayuda a entender cuánto Dios ha hecho a favor del pecador al decir lo siguiente al referirse a Cristo:

> *a quien Dios exhibió públicamente como propiciación por su sangre a través de la fe, como demostración de su justicia, porque en su tolerancia, Dios pasó por alto los pecados cometidos anteriormente, para demostrar en este tiempo su justicia, a fin de que El sea justo y* sea *el que justifica al que tiene fe en Jesús.*

Aquí se nos deja ver claramente que quien crucifica al Hijo a favor del pecador es Dios Padre porque Él es quien lo exhibe públicamente, y al hacerlo, lo hizo como propiciación. Este término ha sido controversial, pero en esencia significa: aplacar la ira de una divinidad.[11] Esto último, era el concepto como se conocía en el mundo pagano, pero pasó al mundo cristiano para ayudarnos a entender que Dios ciertamente había estado airado contra el pecado del hombre o contra el hombre por su pecado, y como Dios mismo ha revelado, Él no dejará impune al culpable. Ahora Dios tenía la necesidad de satisfacer Su ley que había sido violada, y la manera de no dejar esa ley incumplida sería enviando a toda la humanidad a la condenación eterna o pagando el precio de esa condenación. Dios termina, en Su amor por nosotros, pagando Él mismo el precio, y cumple así Su justicia. Por eso el texto dice que Dios hizo esto: "Como demostración de su justicia porque en su tolerancia, Dios pasó por alto los pecados cometidos anteriormente". Con esto el texto nos deja ver que Dios había pasado por alto el pecado del hombre, en espera de un pago futuro. El tiempo de ese pago llegó y Dios, para demostrar el cumplimiento de Su justicia, sacrifica a Su Hijo en la cruz y descarga sobre Él todo el peso de Su ira y todo el peso de Su justicia. De esa manera Dios es al mismo tiempo un Dios justo porque no ha dejado sin cumplir Su justicia y por otro lado tampoco ha dejado impune al pecador. Por eso Pablo puede decir con propiedad que Dios es justo porque hace cumplir Su justicia y al mismo tiempo, Dios es el que justifica al pecador cuando ese pecador deposita su confianza en la Persona de Jesús.

Teniendo todo ese entendimiento en mente, leamos nuevamente Romanos 3:25-26:

> *a quien Dios exhibió públicamente como propiciación por su sangre a través de la fe, como demostración de su justicia porque en su tolerancia, Dios pasó por alto los pecados cometidos anteriormente, para demostrar en este tiempo su justicia, a fin de que El sea justo y* sea *el que justifica al que tiene fe en Jesús.*

---

[11] Leon Morris, s.v. "Propitiation", *Evangelical Dictionary of Theology*, ed. Walter A. Elwell (Grand Rapids, MI: Baker Academics, 1990), 888.

De manera que en el sentido último no son los romanos los que crucificaron a Cristo, no son los judíos los que lo llevaron a la cruz, ellos simplemente fueron la causa instrumental de cómo esta muerte horrenda se llevó a cabo. Aristóteles diferenciaba la causa instrumental de algo de la causa final. La causa instrumental es solo el medio de cómo algo se lleva a cabo, y la causa final es la causa o razón por la que se llevó a cabo. En el caso de la crucifixión de Cristo, la causa final que explica el sacrificio del Hijo para el perdón de nuestros pecados es la necesidad que Dios tiene en Sí mismo, en Su carácter, de satisfacer Su santidad y Su justicia. Dios en Su bondad decidió no condenarnos, sino condenar a Su propio Hijo a la cruz en nuestro lugar, y eso también es parte del entendimiento del mensaje del evangelio. Eso es lo que va a producir en nosotros apreciación máxima por lo que se ha hecho a nuestro favor, y por otro lado es eso lo que produce en nosotros un sentido de gozo al saber que ya ahora no hay condenación para aquellos que estamos en Cristo Jesús, como bien dice Pablo en Romanos 8:1. Además nos permite entender por qué no hay condenación… Porque la justicia de Dios ha sido completamente, perfectamente y eternamente satisfecha por el sacrificio de Cristo. El evangelio proclama eso también.

Al comienzo del capítulo, decíamos que en 1 Corintios 15 Pablo resume los dos eventos centrales del evangelio: la cruz de Cristo y la resurrección; y hemos pasado la mayor parte del tiempo exponiendo acerca de la crucifixión, sus implicaciones y su razón de ser.

LAS IMPLICACIONES DE LA RESURRECCIÓN DE CRISTO

La resurrección de Cristo es el amén del Padre al sacrificio perfecto que Cristo llevó a cabo tres días antes. Es lo que sella toda la obra redentora de nuestro Señor, y es nuestro grito de victoria. Eso es lo que a nosotros nos termina de completar realmente el gozo que el mensaje del evangelio conlleva. No podemos olvidar que la palabra 'evangelio' en su sentido original supone un mensaje de buenas nuevas o buenas noticias, causantes de gozo y que tenía un sentido de victoria. Un Cristo aún en la tumba no podría ser un mensaje de gozo, ni de victoria. Es la resurrección que prueba que Cristo venció la muerte y el pecado, y a través de ella, Jesús nos promete vida eterna después del perdón del pecado. La resurrección es lo que hace todo eso posible. Tanto es así que Pablo afirma en 1 Corintios 15:17-19:

> Y si Cristo no ha resucitado, vuestra fe es falsa; todavía estáis en vuestros pecados. Entonces también los que han dormido en Cristo han perecido. Si hemos esperado en Cristo para esta vida solamente, somos, de todos los hombres, los más dignos de lástima.

Sin resurrección, la cruz pierde todo su sentido, su valor y su significado. El día que Cristo resucitó, ese domingo en la mañana hubo gozo en el cielo y hubo gozo en la tierra. Cuando Cristo pronuncia en la cruz sus últimas palabras: *tetelestai* (consumado es), estaba diciendo: mi obra redentora ha quedado cumplida al dedillo, a cabalidad, perfectamente; no hay nada más que hacer. Los poderes de las tinieblas han sido desarmados, el pecado no tuvo poder sobre mi vida durante toda la existencia aquí en la tierra, y ya solamente restaba proclamar esa victoria, lo cual ocurrió el domingo en la mañana. Y ese domingo de resurrección, el grito de victoria fue lanzado. Y el Padre dijo desde los cielos: ¡AMÉN! "Para los autores del Nuevo Testamento, la resurrección fue el punto focal de su predicación." [12]

Eso es el evangelio: el mensaje de redención, de liberación, llevado a cabo en la cruz, donde Dios Padre crucificó a Su Hijo y este derramó Su sangre para el perdón eterno de nuestros pecados, con lo cual el Hijo satisfacía complemente, de una vez y para siempre, la justicia perfecta de Dios, aplacando Su ira contra el pecador, y terminando así la enemistad entre Dios y el hombre. Dios hizo esto imputando mis pecados a Su Hijo e imputando o cargando a mi cuenta la santidad de Cristo o Su carácter moral, lo cual aseguró mi estatus de no culpable ante el Padre.

La resurrección, avalada por múltiples testigos oculares, representa la garantía absoluta de todas las promesas de Dios, incluyendo la vida eterna y la herencia de Su reino que fueron proclamadas. La resurrección del Hijo constituyó el grito de victoria sobre el pecado y sobre la muerte, no solo en la vida de Jesús, sino en nuestra propia vida.

Eso es el evangelio. Por tanto, no lo calles, no lo diluyas, no lo debilites, no lo escondas, no lo distorsiones, no lo niegues, no te avergüences de él. Proclámalo para el resto de la eternidad.

REFLEXIÓN FINAL

Si "el evangelio es el poder de Dios para salvación de todo aquel que cree" (Rom. 1:16), entonces la iglesia no puede confiar en ningún otro mensaje o en ninguna estrategia humana para hacer el trabajo de Dios.

El apóstol Pablo recomendaba a su discípulo Timoteo: "lo que has oído de mí en la presencia de muchos testigos, eso encarga a hombres fieles que sean idóneos para enseñar también a otros" (2 Tim. 2:2) porque entendía la importancia de dos elementos:

1. Transmitir el mismo mensaje que Pablo había escuchado de parte de Jesús ("lo que has oído de mí").
2. Que la transmisión ocurriera por medio de hombres fieles que pudieran salvaguardar la integridad del evangelio.

La fidelidad de los hombres no es suficiente si la integridad del mensaje es comprometida. Un evangelio diluido no es el evangelio. La iglesia primitiva alcanzó grandes logros, precisamente porque supo confiar en el poder de Dios detrás de la predicación del evangelio. Creo que la iglesia de la segunda

---

[12] Gary R. Habermas y Michael R. Licona, *The Case for the Resurrection of Jesus* (Grand Rapids, MI: Kregel Publications, 2004), 26.

mitad del siglo XX asumió el evangelio y por tanto la próxima generación simplemente olvidó el evangelio. El ser humano es muy olvidadizo. No es por accidente que en el Antiguo Testamento Dios dio instrucciones para que se erigieran monumentos como las doce piedras colocadas al cruzar el Jordán o que se celebraran fiestas como la Pascua judía como memoriales de las cosas que Dios había hecho en el pasado. En el Nuevo Testamento se nos ordenó recordar el mensaje de redención a través de la celebración de la cena del Señor:

> *Porque yo recibí del Señor lo mismo que os he enseñado: que el Señor Jesús, la noche en que fue entregado, tomó pan, y después de dar gracias, lo partió y dijo: Esto es mi cuerpo que es para vosotros; haced esto en memoria de mí. De la misma manera tomó también la copa después de haber cenado, diciendo: Esta copa es el nuevo pacto en mi sangre; haced esto cuantas veces la bebáis en memoria de mí. Porque todas las veces que comáis este pan y bebáis esta copa, la muerte del Señor proclamáis hasta que El venga (1 Cor 11:23-26).*

El apóstol Pablo enseñó que el evangelio es poder de Dios para salvación. Si eso es verdad y sabemos que lo es, se hace necesario ver cuáles son los efectos de ese poder cuando es liberado. Nuestro último tema es precisamente el poder del evangelio cuando hablamos de aquellas cosas que el evangelio ha sido capaz de hacer.

12

El poder del evangelio

"Porque no me avergüenzo del evangelio, pues
es el poder de Dios para la salvación de todo
el que cree; del judío primeramente y también
del griego. Porque en el evangelio la justicia
de Dios se revela por fe y para fe; como está
escrito: Mas el justo por la fe vivirá".

Romanos 1:16-17

Introducción

En el capítulo anterior hablamos acerca de qué es el evangelio y las implicaciones del mensaje, así como de la necesidad de que ese mensaje no
sea alterado. Ahora queremos explorar dos preguntas en este capítulo:

- ¿Dónde radica el poder del evangelio?
- ¿Qué es capaz de hacer *el evangelio?*

Para explorar esas dos preguntas, he seleccionado un texto muy conocido
que ha hecho historia y ha cambiado la vida de mucha gente a lo largo de
los años. Martín Lutero fue grandemente impactado por el mensaje detrás
de este pasaje y conocemos la influencia de este hombre en la cristiandad.

Pablo comenzó este versículo con la frase: "no me avergüenzo del evangelio", e inmediatamente después nos indica por qué no se avergüenza: "pues es
el poder de Dios para salvación". Esa es la razón primaria. Después de años
de predicar el evangelio y ver sus efectos, no había posibilidad de que Pablo
se pudiera avergonzar de algo tan poderoso como es el mensaje de salvación.
Por otro lado, es posible que quizás también quería dejar claro a los romanos
que a pesar de haber sido perseguido a causa del evangelio y de haber estado
en prisiones a causa del evangelio, él no se avergonzaba de ese mensaje.

Al planificar su viaje a Roma, quizás estaba tratando de comunicar que
él no estaba avergonzado de sus prisiones o de sus cadenas por causa del
evangelio. Menciono esto porque cuando Pablo escribe a Timoteo le dice que

Onesíforo, muchas veces le dio refrigerio y no se avergonzó de sus cadenas (2 Tim. 1:16). En ese versículo, Pablo parece unir sus cadenas con la experiencia de vergüenza, la cual este compañero fiel no tuvo al visitar a Pablo en prisión. Cuando Pablo escribió a los Romanos, habían transcurrido unos 25 años después de su conversión y él había estado en múltiples persecuciones y prisiones. Ahora que se disponía a ir a Roma, quizás quería comunicar antes de su llegada a la capital del imperio, que no se sentía avergonzado de su pasado en defensa del evangelio. No olvidemos que ya se habían burlado de Pablo en Atenas (Hech. 17:32); había escapado escondido de Berea (Hech. 17:13-14); en Corinto cuestionaron su apostolado (1 Cor. 9); en Filipos había estado en prisión (Hech. 16:22-24). En Listra lo apedrearon y lo dieron por muerto (Hech. 14:19); y en Tesalónica tuvo que escapar de noche (Hech. 17:9-10).[1]

Pablo había tenido todas esas experiencias por causa del evangelio y ahora él está escribiendo a la iglesia en Roma y quizás Pablo les quería comunicar que ninguna de sus experiencias 'bochornosas' eran una vergüenza para él.

La vergüenza del evangelio en el día de hoy

Creo que nosotros, los pastores y líderes que proclamamos este evangelio, necesitamos cobrar ánimo al recordar la vida de este gran evangelista que nunca se sintió humillado por las experiencias de la predicación. Menciono esto porque muchas veces el evangelio ha sido diluido, maquillado, relativizado o debilitado en su expresión o aplicación y cada vez que eso ha ocurrido, nos hemos avergonzado del evangelio.

Pablo había reflexionado sobre lo que el evangelio es, lo que costó poder crear el mensaje de buenas nuevas que hoy se nos ofrece, la magnitud de la benevolencia de Dios y luego dice: "yo no me avergüenzo del evangelio, no lo puedo hacer porque el evangelio es la historia de Jesús, escrita con Su sangre; es buenas nuevas de salvación; es el único camino de la salvación para el hombre; es la oferta de Dios para un hombre perdido; es el poder de Dios en acción; es la benevolencia de Dios para pecadores; y es la justicia (carácter moral de Dios) revelada por fe y para fe. Por tanto, 'no me avergüenzo del evangelio".

Cada vez que nosotros tememos ofender a personas porque estamos proclamando la verdad del evangelio, esa es una manera de expresar nuestra vergüenza del evangelio.

Cada vez que un creyente no se atreve en público a decir que ha creído el mensaje del evangelio, se está avergonzando del evangelio.

Cada vez que un predicador, de manera intencional, deja afuera la cruz en la predicación de sus mensajes, tratando de que su mensaje sea mejor recibido por las multitudes, esa es otra manera de cómo él se avergüenza del evangelio.

Cada vez que alguien no se atreve a hablar de su fe en el lugar de trabajo, en el colegio, en la universidad o en cualquier otro lugar, se está avergonzando del evangelio.

---

[1] John MacArthur, *The MacArthur New Testament Commentary* (Nashville, TN: Thomas Nelson, Inc., 2007), 415.

Es curioso ver cómo la gente se va de vacaciones y al regresar, habla libremente de su experiencia y lleva fotos que luego muestra, pero cuando va a la iglesia y tiene hermosas experiencias con el cuerpo de Cristo, no se atreve a decir nada a las mismas personas a quienes les habló de sus vacaciones. Si el evangelio nos da vergüenza, jamás daremos la vida por él.

Nosotros, los obreros y siervos de Cristo, no nos podemos dar el lujo de avergonzarnos de este mensaje cuando nuestro Señor Jesucristo no se sintió avergonzado al morir en una cruz desnudo, traspasado, ensangrentado por haber cargado sobre Sus espaldas con el peso del castigo que nos correspondía a nosotros por nuestros pecados. Él tampoco se avergüenza de llamarnos hermanos (Heb. 2:11). Hoy nosotros leemos el evangelio en una Biblia escrita con tinta, pero dos mil años atrás, el mensaje fue impreso con sangre. Mas aún, con la sangre del Unigénito del Padre.

Esta idea de no avergonzarse del evangelio es algo que Pablo le menciona no solamente a los creyentes de la iglesia de Roma, sino que cuando él escribe su segunda carta a Timoteo, Pablo anima a su discípulo más joven, Timoteo, a que no tenga vergüenza del mensaje del evangelio ni del portador de ese mensaje (Pablo). Así lo expresa:

> *Por tanto, no te avergüences del testimonio de nuestro Señor, ni de mí, prisionero suyo, sino participa conmigo en las aflicciones por el evangelio, según el poder de Dios (2 Tim. 1:8).*

> *Por lo cual también sufro estas cosas, pero no me avergüenzo; porque yo sé en quién he creído, y estoy convencido de que es poderoso para guardar mi depósito hasta aquel día (2 Tim. 1:12).*

Pablo quería ver en su discípulo el mismo fuego y la misma pasión que existía en su corazón por la defensa del evangelio y por el contenido del mensaje.

EL PODER DEL EVANGELIO

El versículo de Romanos 1:16 citado más arriba indica que "el evangelio es el poder de Dios para salvación para todo aquel que cree". En la inspiración del mensaje de la cruz, Dios ha depositado un poder especial respaldado por Su Espíritu para que cuando esa palabra llegue al oído del que escucha pueda producir un efecto que va más allá de simples palabras. El Espíritu de Dios no va a respaldar palabras de hombres. El evangelio es poder que viene de lo alto, pero trae salvación a los hombres aquí abajo.

> *"La salvación" (sōtēria) es un concepto amplio. Incluye el perdón de pecados, pero es mucho más que eso porque en su significado básico tiene que ver con estar "completo" o estar "intacto". Promete la restauración de todo lo que el pecado ha dañado o destruido. Es el término general que une en sí mismo los aspectos particulares de*

la verdad sugeridos por [los términos] "justificación", "reconciliación", "santificación" y "redención".[2]

Habiendo demostrado la pasión que Pablo sentía por el mensaje del evangelio, quisiera hacer un par de observaciones en relación a Romanos 1:16-17 antes de continuar.

Se ha dicho que la carta a los Romanos ha estado detrás de todo gran avivamiento en la historia de la iglesia, y de la misma manera, yo creo que es fácil observar que de todos los pasajes de la Biblia, el pasaje que estamos considerando ha cambiado vidas y naciones más que cualquier otro pasaje. "En Romanos 1:16-17, encontramos oraciones que son las más importantes la carta y quizás de toda la literatura. Ellas son el tema de esta epístola y la esencia del cristianismo."[3] El mensaje de este pasaje cambió la vida de un Martín Lutero, y con él comenzó a cambiar el mundo. Cuando Pablo entendió el mensaje del evangelio se dio media vuelta y comenzó a correr en sentido opuesto. El mensaje de las Buenas Nuevas es un mensaje radical y debe producir un cambio radical; y si el cambio que tú ves en ti no es radical, amigo, en nombre de Cristo, yo quiero preguntarte, ¿cuál fue el evangelio que creíste?; ¿cuál fue el evangelio que abrazaste? El evangelio bien entendido tiene el poder de tomar la vida de una persona y darle una vuelta de 180 grados hasta el punto que ese hombre ahora mira para atrás y considera como perdido todo el tiempo anterior que corrió fuera del evangelio. Observemos las palabras del apóstol Pablo en Filipenses 3:7-8:

> *Pero todo lo que para mí era ganancia, lo he estimado como pérdida por amor de Cristo. Y aún más, yo estimo como pérdida todas las cosas en vista del incomparable valor de conocer a Cristo Jesús, mi Señor, por quien lo he perdido todo, y lo considero como basura a fin de ganar a Cristo.*

¿Qué fue aquello que Pablo consideró como ganancia en un pasado y que ahora es basura? Él nos dice en Filipenses 3:5-6 que fue "circuncidado el octavo día, del linaje de Israel, de la tribu de Benjamín, hebreo de hebreos; en cuanto a la ley, fariseo; en cuanto al celo, perseguidor de la iglesia; en cuanto a la justicia de la ley, hallado irreprensible". Pablo parecía estar diciendo: el ritualismo de la circuncisión pasó a ser basura. El abolengo, basura. El renombre, basura. La religiosidad, basura. El complacer a Dios por medio de las obras de la ley, basura. El ser irreprensible ante el cumplimiento de la ley, basura.

Cuando Pablo entendió el verdadero evangelio, él cambió todo eso por el gozo de:

---

[2] Everett F. Harrison y Donald A. Hagner, "Romans", en *The Expositor's Bible Commentary, Vol. 10*, ed. rev., eds. Tremper Longman III y David E. Garland (Grand Rapids, MI: Zondervan, 2008), 42.

[3] James Montgomery Boice, *Romans, Vol. 1* (Grand Rapids, MI: Baker Books, 1991), 103.

Ser hallado en El, no teniendo mi propia justicia derivada de la ley,
sino la que es por la fe en Cristo, la justicia que procede de Dios sobre
la base de la fe, y conocerle a El, el poder de su resurrección y la parti-
cipación en sus padecimientos, llegando a ser como El en su muerte, a
fin de llegar a la resurrección de entre los muertos (Fil. 3:9-11).

Ese es el mensaje del evangelio: que un hombre murió en nuestro lugar y resucitó de entre los muertos asegurando así nuestra resurrección futura. Ese mensaje cambió a Pablo y unos 1500 años después cambió a Lutero. Lutero había vivido la mayor parte de su vida atormentado por la imposibilidad de poder satisfacer la justicia perfecta y absoluta de un Dios santo, como dijimos antes. La historia cuenta que Lutero supo pasar hasta tres horas en un confesionario confesando sus pecados a su superior que estaba sobre él, y saber pararse de ese confesionario y volverse a los pocos segundos y decir algo así: 'Padre, pero se me quedó todavía un pecado sin confesar'. Lutero vivió bajo la tortura continua de sentirse acusado por el dedo de Dios en contra de su conciencia que él consideraba altamente pecaminosa. En una ocasión alguien le preguntó: ¿Lutero tú amas a Dios? Y su respuesta fue: "¿Amar a Dios? A veces yo lo odio". Y la única razón era que Lutero no podía encontrar paz para su alma cuando pensaba en el pecado del hombre y la justicia perfecta de Dios que demanda un estándar de perfección, también absoluta, para poder entrar a la presencia de Dios.

Cuando Lutero llegó a entender el valor del evangelio, él experimentó un gozo profundo que fue recogido en una expresión ya citada en este libro, pero vale la pena repetir porque nos deja ver con claridad el poder del evangelio:

Finalmente, meditando día y noche por la misericordia de Dios yo
comencé a entender que la justicia de Dios es aquella a través de la
cual el justo vive como un regalo de Dios por fe... con esto yo me sentí
como si hubiese nacido de nuevo por completo y que hubiese entrado
al paraíso mismo a través de las puertas que habían sido abiertas
ampliamente.

En un solo día, a través del entendimiento de un solo pasaje, la vida de Lutero cambió profundamente. Lutero fue cambiado y el mundo fue cambiado por Lutero, y este mensaje del evangelio fue lo que cambió al mundo. Pablo y Lutero trastornaron y cambiaron el mundo por medio del evangelio que es poder de Dios para salvación.

Pablo cambió de perseguidor a perseguido por medio del evangelio, y ese fue el mismo evangelio que cambió las condiciones de los primeros siglos. Lutero cambió de acusado a libertado por medio del poder del evangelio, y ese fue el mismo evangelio que cambió la cara de Europa posterior a la Reforma. Y ese es el mismo evangelio que puede cambiar tu vida, la de tu familia, nuestra nación y todo un continente.

¿Dónde radica el poder del evangelio? Déjame compartir estos versículos y quizás podamos ver de dónde viene su poder.

En **Marcos 1:14** el mensaje es llamado **el evangelio de Dios**, de manera que el contenido de este mensaje tiene detrás la sabiduría de Dios y el poder de Dios. Imagínate el poder de un mensaje elaborado conforme a la profundidad de la sabiduría inescrutable de Dios y respaldado por el poder que le dio origen a todo el universo. El evangelio de Dios es ambas cosas: "Porque la necedad de Dios es más sabia que los hombres, y la debilidad de Dios es más fuerte que los hombres" (1 Cor. 1:25).

En **Marcos 1:1** encontramos la frase: **el evangelio de Jesucristo**, de manera que este mensaje tiene que ver, no solamente con el Padre que nos ha dado a Su Hijo, sino también tiene que ver con el Hijo, cuyo cuerpo, la tumba no pudo retener.

En **Mateo 4:23 y 9:35** el mensaje es llamado **el evangelio del reino**, lo cual nos ayuda a entender que este mensaje es el camino a través del cual el hombre puede tener acceso al reino de Dios; un reino inconmovible que no tendrá fin.

En **Hechos 20:24** el mensaje es llamado **el evangelio de la gracia de Dios**, y aquí el texto o la frase nos ayuda a entender que este mensaje con sus bendiciones, no es algo que el hombre puede ganarse o puede alcanzar por su propio esfuerzo, sino que le es dado por Dios, a través de o por medio de la gracia que Dios ha impartido en la Persona de Su Hijo.

En **2 Corintios 4:4** el mensaje es llamado **el evangelio de la gloria de Cristo**, y esto nos ayuda a entender que de alguna manera lo que este mensaje encierra es la gloria misma del Hijo de Dios, de la segunda persona de la Trinidad. Y la manera como este mensaje proclama esa gloria es porque nos deja ver la gracia, la misericordia y el amor de Dios expresado a través de la obra redentora de nuestro Señor.

En **Efesios 6:15** el mensaje es llamado **el evangelio de la paz**, y ahora entendemos que este mensaje es lo que ha permitido romper la enemistad entre Dios y el hombre, y ha establecido precisamente la paz de la cual el ser humano no podía disfrutar sin la intervención de la Persona de Jesús.

En **Apocalipsis 14:6**, finalmente, el mensaje es llamado **el evangelio eterno**, y esto nos da a nosotros un entendimiento de que la idea del evangelio que proclama la muerte y la crucifixión de nuestro Señor Jesucristo a favor de los pecadores para la redención de ese hombre caído, no fue algo que surgió en la mente de Dios de manera secundaria, después que Adán había pecado, sino que antes de la fundación del mundo, el mensaje del evangelio había sido diseñado, predestinado y orquestado por Dios para entrar en ejecución una vez que el hombre transgrediera la ley de Dios.[4] Desde ese momento, entonces, en la eternidad pasada, el calendario se ha movido en dirección a la cruz.

---

[4] Daniel M. Doriani, *Reformed Expository Commentary* (Phillispburg, NJ: P&R Publishing, 2014), 50.

LOS EFECTOS DE LA PREDICACIÓN DEL EVANGELIO

Es por medio del evangelio que Dios termina su enemistad con el hombre. Es por medio del evangelio que Dios elimina la condenación del hombre. Es por medio del evangelio que Dios establece Su reino inconmovible.

Por otro lado, si revisamos nuevamente hasta donde la caída afectó al hombre, entonces podremos entender mejor el poder del evangelio en la salvación. Cuando Adán cayó, Adán sumergió a la raza humana en una oscuridad del pensamiento. Pero ahora, el evangelio es capaz de devolverle al hombre la luz de la cual él carecía, permitiéndole ver el mundo de otra manera y entender las verdades espirituales que anteriormente no podía discernir. La mente entenebrecida del hombre comienza ahora a tener luz. El evangelio dispersa la oscuridad de la mente humana. **Ese es el poder del evangelio.**

La caída del hombre no solo afectó al hombre en su pensamiento, sino que produjo en el hombre un corazón de piedra, y es ese corazón el que resultó ser engañoso, es ese corazón que tiene malos deseos, malas intenciones y poca sensibilidad o ninguna hacia las cosas de Dios. Pero el evangelio tiene la capacidad de tomar ese corazón y convertirlo en un corazón de carne, sensible a la voz de Dios y a los propósitos de Dios. El corazón rebelde es hecho sumiso por medio del evangelio. El corazón incrédulo es retornado a la credulidad. Y el corazón pecaminoso es limpiado por medio el poder del evangelio. **Ese es el poder del evangelio**.

La voluntad del hombre caído quedó esclavizada como ya habíamos analizado y atada al pecado. Pero por medio del evangelio, ese hombre recobra su libertad de manera tal que ya no tiene que seguir obedeciendo los dictámenes de Satanás. Ese hombre libre puede ahora seguir a Dios, ser formado a Su imagen y disfrutar de los beneficios de una relación con Dios. El evangelio garantiza mi libertad para siempre, de manera que el evangelio no solo me promete libertad, sino que me la garantiza, y por tanto, el evangelio es capaz de darme esperanza. **Ese es el poder del evangelio**.

El poder del evangelio se extiende a través del tiempo: pasado, presente y futuro.[5] En el pasado, cuando el evangelio nos encontró, nos libró de la pena del pecado que pesaba sobre nosotros. Pero debido al poder perdonador del evangelio, hoy somos libres. Nosotros necesitamos del evangelio en el pasado para ser librados de la pena del pecado y en el presente nosotros seguimos necesitando del evangelio.

En el presente, el mensaje del evangelio nos sigue liberando del poder del pecado. Dicho de otra manera, el evangelio bien entendido es el mensaje que me libera hoy de la influencia que el pecado ejerce sobre mi mente, mi corazón y mi voluntad. Esto destaca el poder santificador del evangelio. Entender el evangelio me ayuda a obedecer por amor a Dios y por agradecimiento a Él. El mensaje del evangelio continúa en el día de hoy santificando nuestras vidas. No podemos pensar que el evangelio es simplemente para aquellos

---

[5] Jerry Bridges, "Gospel-Driven Sanctification", accesado el 27 de abril de 2014, http://www.pcabakersfield.com/articles/gospel-driven_sanctification.pdf.

que aún no han creído. Creo que todos los teólogos ortodoxos coinciden en que todos los que hemos creído en Cristo como Señor y Salvador y que tenemos salvación, permanecemos diariamente en necesidad del evangelio y es ese mensaje que puede continuar santificando nuestras vidas.

Finalmente, relacionado al tiempo futuro, el evangelio es necesario para continuar brindándome esperanza y certidumbre de que no he creído en vano y que en un tiempo futuro, Dios reivindicará Su Nombre y glorificará mi cuerpo para entrar en gloria, y esto es un efecto también directo del evangelio. Entonces habré sido librado de la presencia de pecado.

El evangelio me libera de la pena de pecado en el pasado, del poder del pecado en el presente y de la presencia de pecado en el futuro. **Ese es el poder del evangelio.**

El apóstol Pablo entendió mejor que cualquier otra persona la necesidad de mantener la pureza del evangelio para que este ejerciera su efecto en todo su poder. Por eso cuando él le escribió a la iglesia de Corinto les recuerda que a la iglesia le estaba entregando lo mismo que él recibió. Hemos analizado ampliamente ese pasaje (1 Cor. 15:1-4) en el capítulo anterior. Pero en 1 Corintios 2:1-5 les dice:

> *Cuando fui a vosotros, hermanos, proclamándoos el testimonio de Dios, no fui con superioridad de palabra o de sabiduría, pues nada me propuse saber entre vosotros, excepto a Jesucristo, y éste crucificado. Y estuve entre vosotros con debilidad, y con temor y mucho temblor. Y ni mi mensaje ni mi predicación fueron con palabras persuasivas de sabiduría, sino con demostración del Espíritu y de poder, para que vuestra fe no descanse en la sabiduría de los hombres, sino en el poder de Dios.*

A Dios le plació que la salvación del hombre venga a través del mensaje de la cruz. La cruz de Cristo no puede quedar escondida en nuestra predicación. Cuando la cruz de Cristo queda escondida en el mensaje, Dios entiende una de dos cosas: o que yo me avergüenzo de la cruz porque no suena tan sofisticada como el mensaje filosófico de los eruditos, o que yo le tengo miedo a la respuesta que el otro pueda tener a la demanda radical de la cruz. Ninguna de esas dos cosas son aceptables para Dios. El mensaje de la cruz demanda algo radical del hombre y ese hombre tiene que saberlo desde el principio. Pero hoy muchos han dejado a un lado el mensaje radical para predicar un mensaje de prosperidad, de motivación, de confesión positiva afirmando que podemos crear realidades con nuestras palabras.

Hermano, es posible predicar y dejar afuera a Cristo y Su cruz. Permíteme ilustrarlo. Algunas iglesias se anuncian con letreros que dicen cosas como estas: En esta iglesia usted puede 'conocer nuevos amigos', 'escuchar mensajes positivos y prácticos'. Muchas veces los títulos de los mensajes de predicación suenan como los siguientes:
- Cómo tener una buena imagen de ti mismo
- Cómo vencer la depresión

- Cómo tener una vida exitosa
- Cómo manejar tu dinero
- Los secretos de una vida familiar
- Cómo vencer el estrés

En todo eso yo puedo predicar que todo lo puedo en Cristo quien me fortalece y dejar fuera el mensaje de la cruz. Podemos predicar cómo Cristo puede salvar tu matrimonio y dejar fuera la cruz. Podemos incluso predicar cómo Cristo te puede sacar de la drogadicción y dejar fuera la cruz, y así sucesivamente. La predicación del evangelio ha sido cambiado por un mensaje moralista y terapéutico.

Por eso Pablo dice a los Corintios que cuando fue a ellos se propuso predicar a Cristo y a este crucificado. Cuando la cruz se queda afuera, se queda el evangelio afuera. La figura del predicador nunca puede ser tan grande como para esconder la cruz de Cristo. La cruz de Cristo y el mensaje de la cruz son necesarios porque no hay ninguna otra cosa que en dos mil años de historia haya cambiado a la humanidad. La psicología no ha podido, la sociología tampoco ha podido mejorar la condición de la sociedad. La sociología diagnostica el problema social pero deja a la sociedad enferma. Hoy tenemos más sociólogos que en toda la historia de la humanidad, y hoy tenemos mayor índice de divorcio, suicidio y drogadicción que en cualquier otro tiempo. La educación no ha cambiado la condición del mundo. Los países más educados como los de Europa y Norteamérica tienen los peores índices de depresión y problemas sociales. Esos países tuvieron su época de oro, y ¿cuándo fue eso? Cuando en esos países se predicó la cruz de Cristo de una forma abierta y directa, y se predicó como una solución a los problemas de la sociedad. Cuando en esos lugares dejó de predicarse el mensaje de la cruz porque era ofensivo al hombre moderno, la sociedad comenzó a deteriorase. Lo único que ha cambiado al mundo es el mensaje de la cruz de Cristo, tanto así que en la medida en que las iglesias han ido ocultando el mensaje de la cruz, en esa misma medida nosotros hemos visto el deterioro de las iglesias.

Pablo es tan consciente de eso que él no quiso hacer uso de una gran oratoria cuando fue a la ciudad de Corinto porque él no quería que la audiencia se impresionara con el don de la prédica, sino con Aquel que da el don. Pablo no quería ser visto, él quería que los demás vieran a Jesús.

El evangelio me muestra que Dios estaba airado contra el pecador, pero me recuerda que Cristo removió esa ira. El evangelio me enseña que el culpable nunca quedará impune, pero me recuerda que Cristo me declaró inocente. El evangelio de la cruz me enseña que el pecado siempre será juzgado, pero me recuerda que Cristo fue a juicio por mí. El evangelio me demuestra que el pecador es digno de muerte, pero me recuerda que Cristo murió por mí, y finalmente, el evangelio me muestra que la muerte es un enemigo poderoso, pero me recuerda que la tumba no pudo retener a Cristo, quien murió en mi lugar.

Ese es el evangelio… ese es el poder del evangelio.

Reflexión final

Hasta que la iglesia de hoy no recobre su confianza en el poder del evangelio, no tendremos esperanza de ver cambios significativos en los creyentes de hoy y aún menos en los incrédulos. Si relegamos a Dios y su revelación a un segundo plano, entonces al predicar, la centralidad del mensaje la tendrá el hombre como ocurre tantas veces hoy. No podemos olvidar que la educación no ha podido cambiar al hombre ni la tecnología tampoco. El siglo XX que acaba de pasar fue el siglo más educado y más tecnológico de todos y fue el siglo con mayor número de conflictos bélicos y con más índice de violencia y descomposición social.

Deseamos organizar el mundo exterior del hombre sin redimir el mundo interior de ese hombre. Es como poner a andar un automóvil sin que el motor esté funcionando adecuadamente. Las sociedades de Occidente fueron cambiadas por el impacto del evangelio. Ahora que esas mismas sociedades se han querido apartar de ese evangelio, vemos el grado de descomposición. Solo la Palabra tiene el poder de cambiar el corazón engañoso del hombre y su mente oscura.

Que Dios nos conceda una generación apasionada por Su verdad y la predicación de esta verdad; que crea en el evangelio como el poder de Dios para salvación.

Conclusión

Las enseñanzas desarrolladas a lo largo de este libro formaron el corazón de la fe cristiana a partir del movimiento de la Reforma en el siglo XVI. Es un hecho históricamente demostrable que el protestantismo que surgió a partir de entonces, cambió la cara de Europa y de Norteamérica en los años subsiguientes. Es por eso que hemos titulado este libro: "Enseñanzas que transformaron el mundo". Estas enseñanzas no hicieron su impacto cambiando los sistemas sociales o políticos de forma revolucionaria como ocurrió con la Revolución Francesa de 1789. Mas bien estas doctrinas cambiaron el corazón y la forma de pensar de aquellos que fueron impactados con la predicación de la Palabra. Dios pasó a ocupar el primer lugar y el ser humano pasó a ocupar un lugar subordinado. Esto hizo que la predicación de la Palabra dejara de ser antropocéntrica y pasara a estar centrada en Dios y en su plan de redención. Junto con eso, los Reformadores entendieron que el cristiano debe jugar un rol como agente de transformación en su sociedad. Lutero entendió, y otros con él, que para el cristiano no hay una vida secular y una vida sagrada. Toda la vida es sagrada y por tanto el trabajo que él hace en la sociedad es sagrado e importante como parte del trabajo relacionado a la creación. El cristiano tiene el llamado de involucrarse en la obra de redención (predicación del evangelio) y en el trabajo relativo a la creación que tiene que ver con nuestro trabajo en la sociedad.

Personas transformadas por el evangelio abrazaron ese entendimiento y así pasaron a ser agentes de transformación social a la hora de hacer su labor en el medio donde Dios los fue colocando. Esa fue la historia de William Wilberforce (1759-1835) quien por años luchó en el parlamento británico hasta conseguir la abolición de la esclavitud en 1807, aunque su implementación no se dio hasta 1833.[1] Wilberforce no fue uno de los Reformadores del siglo XVI, pero fue uno de los descendientes de ese movimiento. Y lo mismo podemos decir de John Newton (1725-1807), el autor del himno *Sublime gracia*, quien pasó de ser un traficante de esclavos a un hombre dedicado al ministerio. "Como muchos de sus clérigos contemporáneos, Newton fue esencialmente de persuasión Calvinista en su teología. Pero en cuanto al fervor y al celo, él encontró sus asociados más cercanos entre los Wesleyanos."[2] Su influencia en la abolición de la esclavitud en aquella época también es conocida en la historia. Estos hombres cambiados por el poder del evangelio entendieron su compromiso con la sociedad de sus días para contribuir a su transformación.

En realidad toda esta transformación se inició durante el primer siglo de nuestra era cuando la predicación del evangelio comenzó a sacudir las bases

---

[1] Kenneth Scott Latourette, *A History of Christianity, Vol. II*, ed. rev. (New York: Harper & Row Publishers, 1975), 1032.

[2] A. Cabanis, s.v. "John Newton", *Who's Who in Christian History*, eds. J. D. Douglas y Philip W. Comfort (Wheaton, IL: Tyndale House Publishers, 1992), 506-07.

del Imperio romano; en la medida en que las personas fueron abrazando la fe, en esa misma medida su cosmovisión fue cambiando. Varios siglos después de la resurrección de Cristo subió al poder Justiniano I (482–565) como emperador de Constantinopla, la mitad Oriental del Imperio romano. Él dijo que "quería ser un emperador cristiano y no un gobernador de incrédulos."[3] Este emperador no procedió bien en todas sus decisiones, pero con la influencia del cristianismo introdujo múltiples cambios a las leyes barbáricas del pasado. En el año 529 se proclama el primer código justiniano y cinco años después (534) se publicó una segunda versión que mejoraba la primera. De acuerdo a la historia, este código introdujo cambios significativos al cuerpo de leyes y convirtió el sistema legal en un sistema mucho más humano. De acuerdo con René Wormser, las leyes o códigos de este *Codex Justinianus*, (en Latín), "constituyeron los fundamentos para la estructura de la ley europea y en gran manera de la ley británica y la ley americana."[4]

Ciertamente las leyes de una nación no pueden cambiar al hombre, pero hombres cambiados por el poder del evangelio (ninguna otra influencia tiene este poder) pueden influenciar para cambiar las leyes de sus naciones. La importancia de esto es que las "buenas leyes" contribuyen al bienestar de las naciones. Y no podemos olvidar las instrucciones de Dios para el pueblo de Israel que iba al exilio: "Y buscad el bienestar de la ciudad adonde os he desterrado, y rogad al SEÑOR por ella; porque en su bienestar tendréis bienestar" (Jer. 29:7). Una sociedad en descomposición no puede traer bienestar a la generación de sus días y mucho menos a la próxima generación.

Las leyes justas o morales contribuyen a disminuir la maldad de los hombres (Rom. 13:1-4) y al ser conocidas por los ciudadanos sirven como instrumentos de enseñanzas para la población. Muchos niños y jóvenes de hoy creerán que el aborto es algo moralmente bueno porque han crecido donde las leyes han legalizado la muerte en útero de estos niños indefensos. Desafortunadamente, para el hombre común, aquello que es legal, es moral.

No estamos promoviendo el moralismo en la sociedad al creer que esta sea la solución de la humanidad. Esto sería tan erróneo y dañino como cualquier otro sistema religioso o secular. Sin embargo, sí creemos en la necesidad que tiene el cristiano de ser sal y luz (Mat. 5:13-14) en su generación. A lo largo de toda la revelación bíblica vemos a un Dios interesado no solamente en individuos, sino en el curso de las naciones. No por accidente, Dios dijo: "Abraham llegará a ser una nación grande y poderosa, y en él serán benditas todas las naciones de la tierra". En el Antiguo Testamento, Dios formó una nación para Él (Israel). Dios ha sabido usar naciones para bendecir y aun para juzgar a otras. Como ejemplo tenemos el rey de Persia quien bendijo al remanente judío, mientras que Nabucodonosor como rey de Babilonia fue usado para juzgar a Israel. Dios marcó el límite de las naciones (Hech. 17:26) y la Gran Comisión nos envió a las naciones (Mat. 28:16-20).

---

[3] J. M. Roberts, *History of the World*, citado por D. James Kennedy en *What If the Bible Had Never Been Written?* (Nashville, TN: Thomas Nelson Publishers, 1998), 47.
[4] René A. Wormser, *The Story of Law* (New York: Simon and Schuster, 1962), 147.

La fe cristiana no nos llama a una revolución social o política; ese sería un error grave que muchos ya han cometido (como aquellos que han abrazado la teología de la liberación). Dios nos llamó a una revolución del corazón y del alma. Es una batalla por el corazón y la mente del ser humano. Es una lucha por la verdad, porque es solo esa verdad la que nos hace libres en Cristo. Es por esto que las verdades expuestas en este libro son esenciales si queremos ver cambios sinceros y duraderos en nuestras naciones latinoamericanas como ocurrió en Europa y en Norteamérica posterior a la Reforma.

Dios quiere ver Su gloria proclamada entre las naciones y ciertamente llegará el día en que Él reinará entre nosotros cuando estemos todos juntos con Él. Pero hasta que ese día llegue, nada proclama mejor Su gloria que Su perfecto plan de redención. El plan de salvación de Dios para el hombre cuando es entendido y proclamado para Su gloria solamente, en Cristo solamente, por gracia solamente, por medio de la fe solamente y basado en las Escrituras solamente. Proclama la gloria de Dios de esta manera y solo así podremos disfrutar de Sus bendiciones.

Cuando el hombre logra ver la historia de la humanidad con sus guerras y opresiones en las diferentes naciones puede notar claramente la doctrina de la depravación total de que hablaron los reformadores. La maldad del hombre, incluyendo la de algunos héroes bíblicos, nos convencen de la necesidad de una redención incondicional, la cual Dios lleva a cabo al "perseguir" al hombre con Su amor y Su gracia irresistible. La misma gracia que lleva al hombre a perseverar en el camino.

Estas enseñanzas cautivan el corazón del hombre que encuentra libertad del pecado y lo impulsan a regresar a su sociedad para traer luz en medio de la oscuridad y para ser agente de preservación, como lo es la sal.

Mi deseo al publicar este libro es contribuir en mi generación a levantar un movimiento abrazado por líderes y miembros de iglesias locales que estén dispuestos a vivir su fe, en la sociedad de nuestros días, como una forma de glorificar a nuestro Dios mientras esperamos a Su Hijo por segunda vez.

Bibliografía

Allison, Gregg R. *Historical Theology*. Grand Rapids, MI: Zondervan Publishing House, 2011.

Bainton, Roland H. *Here I Stand: A Life of Martin Luther*. Nashville, TN: Abingdon Press, 1950.

_____. *The Reformation of the Sixteenth Century*. Boston, MA: Beacon Press, 1952.

Bainvel, Jean. "Tradition and Living Magisterium". En *The Catholic Encyclopedia, Vol. 15*. New York: Robert Appleton Company, 1912. Página en linea accesada el 18 de marzo de 2015. http://www.newadvent.org/cathen/15006b.htm.

Bavinck, Herman. *Reformed Dogmatics, Vol. 3*. Editado por John Bolt. Traducido por John Vriend. Grand Rapids, MI: Baker Academics, 2006.

Beeke, Joel R. *Living for God's Glory*. Lake Mary, FL: Reformation Trust Publishing, 2008.

Blacketer, Raymond A. "Definite Atonement in Historical Perspective". En *The Glory of the Atonement*. Editado por Charles E. Hill y Frank A. James III. Downers Grove, IL: InterVarsity Press, 2004.

Boettner, Loraine. *La Predestinación*. Grand Rapids, MI: Libros Desafío, 1983.

Boice, James Montgomery. *Los fundamentos de la fe cristiana*. Miami: Unilit, 1996.

_____. *The Gospel of John, Vol. 4*. Grand Rapids, MI: Baker Books, 1999.

_____. *Psalms, Vol. 1*. Grand Rapids, MI: Baker Books, 1994.

_____. *Romans, Vol. 1*. Grand Rapids, MI: Baker Books, 1991.

_____. *Romans, Vol. 2*. Grand Rapids, MI: Baker Books, 1992.

Bridges, Jerry. "Gospel-Driven Sanctification". Página en linea accesado el 27 de abril de 2014. http://www.pcabakersfield.com/articles/gospel-driven_sanctification.pdf.

Brown, Colin, ed. *The New International Dictionary of New Testament Theology, Vol. 2*. Grand Rapids, MI: Zondervan Publishing House, 1971.

Cabanis, A. Entrada de "John Newton". En *Who's Who in Christian History*. Editado por J. D. Douglas y Philip W. Comfort. Wheaton, IL: Tyndale House Publishers, 1992.

Calvin, John. *Calvin: Institutes of the Christian Religion*. Editado por John T. McNeill. Traducido e indexado por Ford Lewis Battles. Philadelphia, PA: The Westminster Press, 1967.

_____. *Jeremiah, Vol. 4*. Parte del serie The Geneva Series of Commentaries. Edinburgh: Banner of Truth, 1989.

Carson, D. A. "Atonement in Romans 3:21-26". En *The Glory of the Atonement*. Editado por Charles E. Hill y Frank A. James III. Downers Grove, IL: InterVarsity Press, 2004.

Chambers, Oswald. "God's Workmanship". En *The Complete Works of Oswald Chambers*. (Grand Rapids, MI: Discovery House Publishers, 2000.

_____. "Las riquezas de los destituidos". En *En pos de lo Supremo*. Edición actualizada. Editado por James Reimann. Barcelona, España: Editorial CLIE, 1993. Entrada del día 28 de noviembre.

Chapell, Bryan. *Ephesians*. Parte del serie Reformed Expository Commentary editado por Richard D. Phillips y Philip Graham Ryken (Phillipsburg, NJ: P&R Publishing Company, 2009.

Charles, J. Daryl. "Jude". En *The Expositor's Bible Commentary, Vol. 13*. Edición revisada. Editado por Tremper Longman III y David E. Garland. Grand Rapids, MI: Zondervan Publishing House, 2006.

Culver, Robert Duncan. *Systematic Theology: Biblical and Historical*. Fearn, Scotland: Christian Focus Publications, 2005.

Doriani, Daniel M. *Reformed Expository Commentary*. Phillipsburg, NJ: P&R Publishing, 2014.

Enns, Peter. "Inerrancy, However Defined, Does Not Describe What the Bible Does". En *Five Views on Biblical Inerrancy*. Edición digital de Kindle. Editado por J. Merrick, Stephen M. Garrett y Stanley N. Gundry. Grand Rapids, MI: Zondervan Publishing House, 2013.

Fee, Gordon D. *Paul's Letter to the Philippians*. Parte del serie New International Commentary on the New Testament. Grand Rapids, MI: William B. Eerdmans Publishing Company, 1995.

Ferguson, Sinclair B. *By Grace Alone: How the Grace of God Amazes Me*. Lake Mary, FL: Reformation Trust Publishing, 2010.

_____. "Christus Victor et Propitiator: The Death of Christ, Substitute and Conqueror". En *For the Fame of God's Name*. Editado por Sam Storms y Justin Taylor. Wheaton, IL: Crossway, 2010.

Frame, John M. *Systematic Theology: An Introduction to Christian Belief*. Phillipsburg, NJ: P&R Publishing Company, 2013.

Gaffin, R. B., Jr. Entrada de "Glory". En *New Dictionary of Biblical Theology* editado por T. Desmond Alexander, Brian S. Rosner, D. A. Carson y Graeme Goldsworthy. Downers Grove, IL: InterVarsity Press, 2000.

Geisler, Norman L. *Baker Encyclopedia of Christian Apologetics*. Grand Rapids, MI: Baker Books, 1999.

_____. "The Origin and Inspiration of the Bible". En *Systematic Theology, Vol. 1*. Minneapolis, MN: Bethany House Publishers, 2002.

_____ y Ralph E. MacKenzie. *Roman Catholics and Evangelicals: Agreements and Differences*. Grand Rapids, MI: Baker Books, 1995.

George, Timothy. *Theology of the Reformers*. Edición revisada. Nashville, TN: B&H Publishing Group, 2013.

Green, Michael P., ed. *Illustrations for Biblical Preaching*. Grand Rapids, MI: Baker Publishing Group, 1982.

Grudem, Wayne. *Systematic Theology: An Introduction to Biblical Doctrine*. Grand Rapids, MI: Zondervan Publishing House, 1994.

_____. "(4) Suficiencia". En *Teología sistemática: Una introducción a la doctrina Bíblica*. Miami: Editorial Vida, 2007.

Gundry, Robert H. *Commentary on the New Testament*. Peabody, MA: Hendrickson Publishers, Inc., 2010.

Habermas, Gary R. *The Risen Jesus and Future Hope*. Lanham, MD: Rowman & Littlefield Publishers, 2003.

_____ y Michael R. Licona. *The Case for the Resurrection of Jesus*. Grand Rapids, MI: Kregel Publications, 2004.

Harrison, Everett F. Entrada de "World". En *Evangelical Dictionary of Theology*. Editado por Walter A. Elwell. Grand Rapids, MI: Baker Academics, 1990.

_____. y Donald A. Hagner. "Romans". En *The Expositor's Bible Commentary, Vol. 10*. Edición revisada. Editado por Tremper Longman III y David E. Garland. Grand Rapids, MI: Zondervan Publishing House, 2008.

Hartley, J. E. Entrada de "Expiate, Expiation". En *The International Standard Bible Encyclopedia* editado por Geoffrey W. Bromiley. Grand Rapids, MI: William B. Eerdmans Publishing Company, 1982.

Hodge, Charles. *Ephesians*. Parte del serie Crossway Classic Commentaries editado por Alister McGrath y J. I. Packer. Wheaton, IL: Crossway Books, 1994.

Horton, Michael S. *Christless Christianity: The Alternative Gospel of the American Church*. Grand Rapids, MI: Baker Books, 2008.

_____. "The Sola's of the Reformation". En *Here We Stand! A Call from Confessing Evangelicals*. Editado por James Montgomery Boice y Benjamin E. Sasse. Grand Rapids, MI: Baker Books, 1996.

_____. *Made in America: The Shaping of Modern American Evangelicalism*. Grand Rapids, MI: Baker Books, 1991.

Hubbard, R. L., Jr. Entrada de "Redemption". En *New Dictionary of Biblical Theology*. Editado por T. Desmond Alexander, Brian S. Rosner, D. A. Carson, Graeme Goldsworthy. Downers Grove, IL: InterVarsity Press, 2000.

Keil, C. F. y F. Delitzsch. *Minor Prophets*. Parte del serie Commentary on the Old Testament, volumen 10. Peabody, MA: Hendrickson Publishers, Inc., 1996.

_____. *Psalms*. Parte del serie Commentary on the Old Testament, volumen 5. Peabody, MA: Hendrickson Publishers, Inc., 1996.

Kennedy, D. James. *What If the Bible Had Never Been Written?* Nashville, TN: Thomas Nelson Publishers, 1998.

Kittel, Gerhard y Gerhard Friedrich, eds. *Theological Dictionary of the New Testament*. Edición abreviada por Geoffrey W. Bromiley. Grand Rapids, MI: William B. Eerdmans Publishing Company, 1985.

Kittelson, James M. *Luther The Reformer: The Story of the Man and His Career*. Minneapolis, MN: Augsburg Publishing House, 1986.

Kruse, Colin G. *Paul's Letter to the Romans*. Parte del serie Pillar New Testament Commentary editado por D. A. Carson. Grand Rapids, MI: William B. Eerdmans Publishing Company, 2012.

Latourette, Kenneth Scott. *A History of Christianity, Vol. II*. Edición revisada. New York: Harper & Row Publishers, 1975.

Lawson, Steven J. *Famine in the Land*. Chicago, IL: Moody Publishers, 2003.

Libreria Editrice Vaticana. *Catechism of the Catholic Church*. Liguori, MO: Liguori Publications, 1994.

Lillback, Peter A. "' The Infallible Rule of Interpretation of Scripture': The Hermeneutical Crisis and the Westminster Standards". En *Thy Word is Still Truth*. Editado por Peter A. Lillback y Richard B. Gaffin, Jr. Phillipsburg, NJ: P&R Publishing Company, 2013.

Lloyd-Jones, D. Martyn. *The Christian Soldier: An Exposition of Ephesians 6:10-20*. Grand Rapids, MI: Baker Books, 1977.

Los estándares de Westminster: Confesión, catecismos y formas de gobierno. Guadalupe, Costa Rica: Confraternidad Latinoamericana de Iglesias Reformadas, 2010.

Luther, Martin. *Luther's Works, Vol. 26: Lectures on Galatians*. Editado por Jaroslav Pelikan y Walter A. Hansen. St. Louis, MO: Concordia Publishing House, 1963.

Lutzer, Erwin W. *10 Lies About God: And the Truths That Shatter Deception*. Grand Rapids, MI: Kregel Publications, 2009.

MacArthur, John. *Ephesians*. Chicago, IL: Moody Press, 1986.

_____. *The MacArthur New Testament Commentary*. Nashville, TN: Thomas Nelson, Inc., 2007.

McCullough, Donald W. *The Trivialization of God: The Dangerous Illusion of a Manageable Deity*. Colorado Springs, CO: Navpress Publishing Group, 1995.

Michaels, J. Ramsey. *The Gospel of John*. Parte del serie New International Commentary on the New Testament. Grand Rapids, MI: William B. Eerdmans Publishing Company, 2010.

Morris, Leon. *The Epistle to the Romans*. Parte del serie Pillar New Testament Commentary editado por D. A. Carson. Grand Rapids, MI: William B. Eerdmans Publishing Company, reimpreso 1992.

_____. Entrada de "Propitiation". En *Evangelical Dictionary of Theology*. Editado por Walter A. Elwell. Grand Rapids, MI: Baker Academics, 1990.

_____. *Reflections on the Gospel of John, Vol. 1*. Grand Rapids, MI: Baker Books 1986.

Mounce, Robert H. "John". En *The Expositor's Bible Commentary, Vol. 10*. Edición revisada. Editado por Tremper Longman III y David E. Garland. Grand Rapids, MI: Zondervan Publishing House, 2007.

Murphy, Martin. "Total Depravity". En *After Darkness Light*. Editado por R. C. Sproul, Jr. Phillipsburg, NJ: P&R Publishing Company, 2003.

O'Brien, Peter T. *The Letters to the Hebrews*. Parte del serie Pillar New Testament Commentary editado por D. A. Carson. Grand Rapids, MI: William B. Eerdmans Publishing Company, 2010.

Packer, J. I. Entrada de "Justification". En *Evangelical Dictionary of Theology*. Editado por Walter A. Elwell. Grand Rapids, MI: Baker Academics, 1990.

Peterson, David G. *The Acts of the Apostles*. Parte del serie Pillar New Testament Commentary editado por D. A. Carson. Grand Rapids, MI: William B. Eerdmans Publishing Company, 2012.

Phillips, Richard D. *John, Vol. 2*. Parte del serie Reformed Expository Commentary editado por Richard D. Phillips y Philip Graham Ryken. Phillipsburg, NJ: P&R Publishing Company, 2014.

Pink, Arthur W. *The Attributes of God*. Swengel, PA: Reiner Publications, 1968.

_____. *Exposition of the Gospel of John*. Grand Rapids, MI: The Zondervan Corporation, 1975.

Piper, John. *Is God for Us or for Himself?* Página en linea accesado el 3 de marzo de 2016. http://www.desiringgod.org/sermons/is-god-for-us-or-for-himself.

Rogers, Cleon, Jr. y Cleon Rogers III. *The Linguistic and exegetical Key to the Greek New Testament*. Grand Rapids, MI: Zondervan Publishing House, 1998.

Ryken, Philip Graham. *Exodus: Saved for God's Glory*. Parte del serie Preaching the Word editado por R. Kent Hughes. Wheaton, IL: Crossway Books, 2005.

_____. *Galatians*. Parte del serie Reformed Expository Commentary editado por Richard D. Phillips y Philip Graham Ryken. Phillispburg, NJ: P&R Publishing, 2005.

_____. *Luke, Vol. 1*. Parte del serie Reformed Expository Commentary editado por Richard D. Phillips y Philip Graham Ryken. Phillispburg, NJ: P&R Publishing, 2009.

_____. *Luke, Vol. 2*. Parte del serie Reformed Expository Commentary editado por Richard D. Phillips y Philip Graham Ryken. Phillispburg, NJ: P&R Publishing, 2009.

Schnabel, Eckhard J. *Acts*. Parte del serie Zondervan Exegetical Commentary on the New Testament editado por Clinton E. Arnold. Grand Rapids, MI: Zondervan Publishing House, 2012.

Shreiner, Thomas R. "A Biblical Theology of the Glory of God". En *For the Fame of God's Name*. Editado por Sam Storms y Justin Taylor. Wheaton, IL: Crossway Books, 2010.

_____. *Romans*. Parte del serie Baker Exegetical Commentary on the New Testament editado por Moisés Silva. Grand Rapids, MI: Baker Academics, 1998.

Sproul, R. C. *Chosen by God*. Carol Stream, IL: Tyndale House Publishers, 1986.

_____. *The Holiness of God*. Carol Stream, IL: Tyndale House Publishers, 1998.

_____. *What is Reformed Theology? Understanding the Basics*. Grand Rapids, MI: Baker Books, 1997.

Spurgeon, Charles H. "The Heart of the Gospel". Predicado la mañana del 18 de julio de 1886 en el Metropolitan Tabernacle, Newington, London. Accesado el 3 de marzo de 2016. http://www.spurgeongems.org/vols31-33/chs1910.pdf.

_____. "Jacob and Esau". Página en linea accesada el 3 de marzo de 2016. http://www.biblehub.com/sermons/auth/spurgeon/jacob_and_esau.htm.

Steele, David N., Curtis C. Thomas y S. Lance Quinn. *The Five Points of Calvinism*. Phillipsburg, NJ: P&R Publishing Company, 1963.

_____. *The Five Points of Calvinism*. Segunda edición. Phillipsburg, NJ: P&R Publishing Company, 2004.

Thayer, Joseph H. *Thayer's Greek-English Lexicon of the New Testament*. Peabody, MA: Hendrickson Publishers, Inc., 2014.

Thiessen, Henry C. *Lectures in Systematic Theology*. Grand Rapids, MI: William B. Eerdmans Publishing Company, 1994.

Trueman, Carl R. "Definite Atonement View". En *Perspectives on the Extent of the Atonement: 3 Views*. Editado por Andrew David Naselli y Mark A Snoeberger. Nashville, TN: B&H Publishing Group, 2015.

Ware, Bruce A. *God's Greater Glory: The Exalted God of Scripture and the Christian Faith*. Wheaton, IL: Crossway Books, 2004.

Washer, Paul. *The Gospel's Power and Message*. Grand Rapids, MI: Reformation Heritage Books, 2012.

Webster, William. *The Gospel of the Reformation*. Battle Ground, WA: Christian Resources, 1997.

Wells, David F. *God in the Wasteland: The Reality of Truth in a World of Fading Dreams*. Grand Rapids, MI: William B. Eerdmans Publishing Company, 1994.

White, James y David Hunt. *Debating Calvinism*. Colorado Springs, CO: Multnomah Books, 2004.

Wood, Leon J. *The Prophets of Israel*. Grand Rapids, MI: Baker Books, 1979.

Woodbridge, John D. y Frank A. James III. *Church History: Volume Two: From Pre-Reformation to the Present Day*. Grand Rapids, MI: Zondervan Publishing House, 2013.

Wormser, René A. *The Story of Law*. New York: Simon and Schuster, 1962.

Yancey, Philip. *What's So Amazing About Grace?* Grand Rapids, MI: Zondervan Publishing House, 1997.

Yarbrough, R. W. Entrada de "Atonement". En *New Dictionary of Biblical Theology* editado por T. Desmond Alexander, Brian S. Rosner, D. A. Carson y Graeme Goldsworthy. Downers Grove, IL: InterVarsity, 2000.

Young, Edward J. *The Book of Isaiah, Vol. 3*. Grand Rapids, MI: William B. Eerdmans Publishing Company, 1972.